孩子情绪背后你不知道的秘密

摩　卡 / 著

上海社会科学院出版社
SHANGHAI ACADEMY OF SOCIAL SCIENCES PRESS

写在前面的话

2018 年 10 月 10 日世界精神卫生日，国家卫健委发布的数据显示：我国 17 岁以下的儿童青少年中，约 3000 万人受到了各种情绪障碍和行为问题的困扰，必须采取综合措施予以干预。世界卫生组织曾经预测，未来三年，全球儿童心理障碍个体会增长 50%，将成为致病、致残、致死的主要原因之一。目前我国心理康复服务需求呈现爆发式增长，但是专业医生、心理咨询师数量和质量不足，服务供需失衡已经成为我国精神卫生工作面临的一大难题。

截至 2019 年，我国专业精神科医生、心理治疗师的人数，已经远远低于同等经济条件的其他国家平均水平。另外，现有的精神病专科医院，多数以收治严重的精神障碍病人为主，而开展常见的以轻症为主的精神障碍和心理问题的服务还不够。

世界卫生组织建议：每千人拥有一个心理咨询师是健康社会的平衡点。按这个估算，中国还需要几百万名心理咨询师。

孩子的成长只有一次，作为孩子的家长，我们无法等待中国更多的心理咨询师成长起来支持我们的孩子，如果我们能多懂一点育儿常识，懂得孩子每个成长阶段所需要的心理支持重点，哪怕没有专业的心理咨询师的陪伴，我们一样可以拥有健康快乐的孩子。

落笔写这本书时，我刚刚参加完训练营。与往期相比，这期训练营的孩子更阳光、自信、有力量而且负责任。在与孩子们的聊天中，我发现这些孩子的爸爸妈妈都在通过不同的途径学习，始终在自我成长。作为一名专攻青少年心理健康的咨询师，我深知每一个孩子背后都站着一个家庭，孩子的问题其实就是家庭问题的缩影，如果爸爸妈妈在孩子生命的每个阶段，都能给予适当的引导和支持，那将是孩子一生受用的财富。

这本书主要适用于青少年阶段的孩子，在开始后面的内容之前，我想邀请各位家长们看着下面这张梯形图，思考一下，

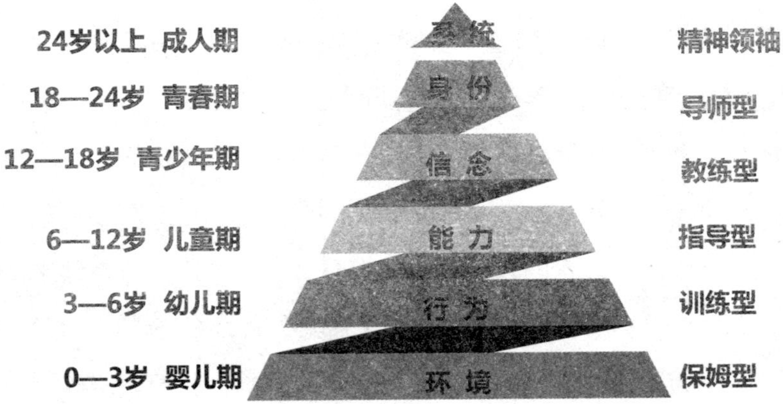

目前你的孩子处在什么阶段？同时，你正在做什么类型的父母？孩子长大了，父母的爱也应该更加成熟，如果对一个青春期的孩子，我们还像照顾小婴儿式的保姆式陪伴，对于孩子来说是极不舒服的。

目录

青春期，孩子的自我疗愈期

我是一名心理咨询师，也是两个孩子的妈妈。我常常想，作为家长，当一个新生命来到这世界，我们送给孩子最好的礼物是什么？是难得的就业机会？丰厚的物质生活？还是无微不至保姆式的关爱？也许，这些都是我们想要的，而不是孩子想要的。

我们能带给孩子的是如何让他们拥有乐观的心态，健全的人格，还有支持他们从更高维度去面对事件的成熟的心智模式，那是一种更成熟更智慧的爱。

说到孩子的心智模式，中国有句老话：3 岁看大，7 岁看老，12 定终生。说的就是一个孩子在 3 岁、7 岁、12 岁这三个年龄段，内心的发展状态会引发的行为模式，我们会透过这些行为模式来推断这个孩子未来的发展趋势，他长大以后会成什么样子？在我说到青春期定终身这个话题之前，我们先来看看，在孩子青春期之前，还有一个重要的时期：0—6 岁，关键能力发展期。

0—6岁 儿童成长关键期

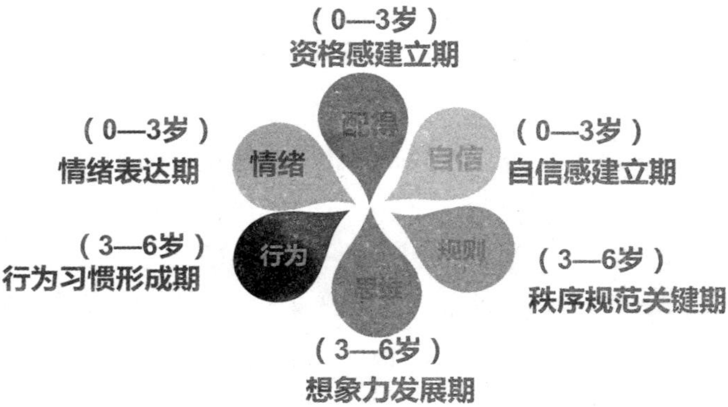

一起来看看这张图，现代社会家庭中，年轻的父母们都有自己的事业，不够时间照顾孩子，就会请保姆，或者请老人来帮忙照顾孩子。一个好的保姆月薪大概多少？一个懂得早期教育的保姆的月薪多少？八千？一万？我们再深入一些，如果我们知道一个在孩子0—6岁的时候会经历的情绪表达期、资格感建立期、自信感建立期、行为习惯形成期、想象力发展期、秩序规范关键期，如果这些珍贵的不可逆的时期能够折合成金钱，也许只能用“天价”或者“无价”来衡量。更重要的是，这么多关键能力的培养和支持，除了父母，还有谁更“懂”得如何给予这个孩子呢？

很多家长会认为，衡量孩子是否优秀，学习永远是第一位。所以只要和学习有关的，家长就会很关注，就算是孩子出现问题，也仅仅透过学习成绩来焦虑怎么帮孩子。其实，一个家庭最好的教育就是父母和孩子说很多“废话”，而绝大多数家长的陪伴，仅是保证了孩子的安全，满足了孩子的吃喝，驱赶了孩子的黏扰及依赖，却没有真正聆听孩子的心声，走进孩子的内心。有的甚至近在眼前，每天都见，也不过是沉浸在各自的电子产品里，连敷衍的废话都不想说。

有教育专家曾说，“中国大部分孩子是有父母的孤儿。”此话虽然有点绝对，但大抵能反映出一些父母的角色缺失。天底下没有几个父母是不爱自己孩子的，所以他们倾尽所能，把最好的留给孩子，一流的学校，舒适的生活，可偏偏忽略了真正的陪伴。

相信很多家长会认为，孩子幼儿阶段的主要教育在幼儿园，在幼儿园唱歌跳舞，学习读书写字，老师教的就是启蒙教育。事实上孩子教育的关键在家庭。

就幼儿期孩子资格感来说：一个妈妈带着孩子去逛商场，孩子特别喜欢那个玩具，想要买。妈妈的回答是：天呀，那么贵的东西，听话，咱不买。也许很多妈妈都会说出类似的话，就这一句看似平常的对话，孩子感受到的是什么？玩具太贵，我买不起，我没有资格拥有那么好的东西。那些美好的东西，我是不配拥有的。

下一次，孩子遇到贵的东西还会不会要？长大了，孩子遇到好的职业，想不想去尝试，生活中遇到好的伴侣，他敢不敢追求？

我很清楚在6岁前这些能力的培养的重要性，所以对孩子的合理要求都会尽量满足，让他感觉他有资格拥有更好的。有时候他想买的东西超出了预算我也会告诉他，妈妈一定会给你买的，不过要等一等，妈妈创造更多的金钱再给你买，这份延迟满足也会让孩子在期待中学会珍惜。

有一次在超市，小儿子喜欢一个玩具，我说："这个月你的玩具额度已经用光了，我们下次来买好不？"孩子想了想，"那个贵，我们就买个一块钱的吧，就一块钱。"

我当时愣了，我能感觉到孩子话中的妥协和不甘心，他理解的是这个贵，那我就选个便宜的，孩子在用妥协和降低期待标准获得他想要的。

我蹲下来，看着孩子的眼睛一字一句地告诉他："妈妈不给你买这个不是因为这个贵，而是我们约定的每个月的玩具额度已经超过了，下个月妈妈一定给你买。你记住，这个世界上你最贵。"

再后来我去回想一向敢想敢要的儿子，为什么突然说出那个贵，我们就买个一块钱的？可能是我出差的时候外公外婆带着他也经常去商店，老人的购物模式影响了小儿子。我父亲4

岁那年就失去了妈妈，在那个年代他能活下来，能把自己照顾好就已经很不容易了，至于那些好东西，都是他不敢想的。事实也是这样，我父亲赚回来的钱自己舍不得花，买东西能省就省，能不花钱就不花钱，有便宜的就不买贵的。

由此可见，长辈的信念会影响下一代，在孩子 6 岁前你是怎么看待人生的，孩子可能会学习到。

说到这些，家长可能会有遗憾，是啊，孩子小的时候没考虑过那么多，早知道就用心点去陪伴孩子了，可是现在孩子长大了怎么办呢？时光肯定无法倒流，那是不是孩子过了这个年纪以后，人格就再难以改变了。这本书想跟大家分享的就是，如果您在孩子小的时候不懂得教育的关键点，你要相信孩子，他会在人生的另一个关键时期自己去探索和成长，对家长来说，在这个阶段成为孩子的教练型父母，是我们送给孩子的人生的一份重要的礼物，这个关键的时期就是青春期。

进入青春期

根据我们过往的认知，青春期是儿童生长发育到成年的过渡时期，一般为 12 到 18 岁。青春期孩子的身体表现为体格生长突增，女孩出现乳房发育、月经初潮，男孩儿出现遗精、变声等系列性的生理变化。

我们过往对青春期的理解一般都是身体上和行为上的，比如早恋、叛逆等。在这本书里我想和大家着重聊一聊孩子的心理青春期，在这里我把我所接触的这些孩子的青春期心理状态分为三种。

第一种，青春期前置：孩子在 9 岁、10 岁就开始执着自己认为对的事情，为了坚持他们想要的，可以拒绝父母的安排，否定别人的建议，执着于自己内心想要达成的结果。在我的青少年课程里，就常常有四五年级的孩子来问我："老师，我是不是有病，青春期不是 12 岁才开始吗？我怎么感觉自己现在就青春期了？"我说："孩子你没病，反而你很幸福，因为你的爸爸妈妈给了你们足够多的安全感，你很早就敢说不，而不用担心如果你不乖，他们还爱不爱。"

第二种，青春期：12—16 岁的孩子，他们会对周围的事物开始有了评判、对物质的渴望、朋友的交往、异性的关注。他们在关注自己的同时，也会刻意向这个世界宣告和表达他的与众不同。"我是谁？"这样概念也由抽向去到更具体，他们也会许勇敢、懵懂、担心、尝试、误打误撞，就像是走进一个迷宫的孩子。他们需要有人帮他梳理，给他建议，一起确定目标，同时他们需要更多的"自我"去面对他的未来了。

第三种，青春期延迟。如果孩子在 16—20 岁才会出现的症状，请注意，为什么青春期延迟是症状。状态和症状最大的区别是，状态是一般常态在可控范围之内，可以引导和调整。青春期延迟的孩子，一般表现为平时性格比较压抑不爱交流，没什么朋友，或者情绪激烈、易狂躁，严重的甚至失去沟通的能力，厌世，不知道自己为什么活着。进入高中以后出现症状的孩子，一般在高一和高三居多，这些孩子所面临的困难不仅仅是读书和考大学了，能够和身边人顺畅的沟通都是个难题了。

青春期对于任何人来说都是个关键的时期，一个孩子向成年人过渡的最重要的时期，虽然只有短短几年，一个人的行为模式以及重要的个人能力都会在青春期时代形成，接下来我们透过这张图，一起来看看，孩子进入青春期会发展哪些能力？

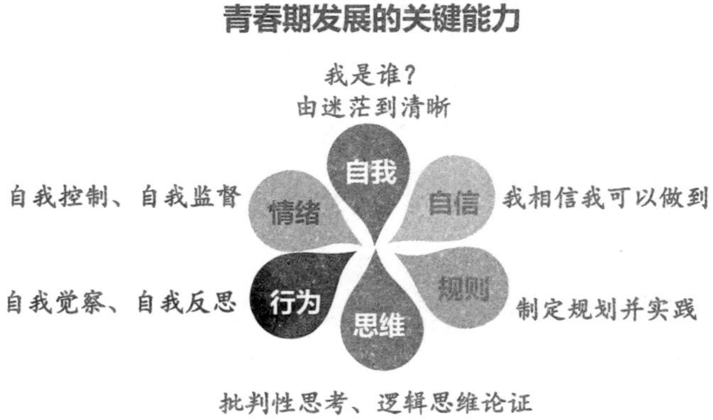

我们透过这张图可以看到，孩子从以前遵从家长的安排，开始有了独立思考的能力，他们开始思考，我是谁？我跟别人

有什么不一样？跟童年期相比，青春期的孩子会用“深度”的成长，以更接近于成年人的独立意识形态发展，是一个孩子向成年人的过渡期。

一个孩子在10岁之前，与外界的一切事物连接都是被动式、被催眠式的，比如你告诉孩子，孩子你非常的努力！你好聪明！你动手能力真的很强！孩子都会无条件地接受，并且他很自然就会成为你眼中那个他的样子。反之，如果我们说，你这孩子太笨了！你怎么那么磨蹭？你的懒劲越来越像你爸了。孩子虽然在听到那一刻不认同，但他的心里意识已经接受到信号，并相信他就是那样子。

一个孩子，在10岁之前是没有办法离开家人的，如果一定要让一个七八岁的孩子离开家人，让他去独立面对这个世界，他是十分危险的，因为他不知道怎么思考，也没有自己的人生观价值观，他所有感知到的这个世界的一切都是通过别人传递给他的，这些传递的信号，有滋养心灵的甘露、也有刺痛心灵的创伤。

相信很多家长都有这样的经历，比如孩子没考好，或者孩子闯祸了，我们在情绪之下就会说出一些话：你这样子长大就完蛋啦！考成这样，你对得起谁，长大了只能去扫大街。有时候孩子做的过分些，父母也许会说，你再这样下去我就不要你了，或者用一些更加激烈的攻击性的言行去伤害孩子，你是猪啊？废物一个。

很多家长发完火就忘记了，但我们的孩子一定会深深记住那个画面，和爸爸妈妈说那些话时自己心里难过的感觉。10 岁以下的孩子对父母的言行，是没有质疑和否定的能力的，不管发生什么，他都会吸收进去，一些不好的词语和伤害，就会化成一种解不开的心结被孩子收在心底，放在哪里呢？心灵空间的死亡层。

我们来看这张图，就像一个人内心的层层体验，很多时候我们表现出的情绪并非真相，而是当人的内在情感没有达到满足时，产生的自我防御和攻击性。如图所示，在孩子的心灵空间，我们看生命层，它都是一些柔软的词语，比如喜悦、悲伤、依赖都是人的情绪最初的感受，但是死亡层里面就是一些

伤害性的词语，比如被抛弃、指责、绝望，等等。没有父母愿意在孩子的心灵中种下这样的阴影。但我们的日常言行，控制不住的情绪，就像一个隐形的杀手，经常会将孩子刺痛到喘不过气来，而这个孩子还要活下来，怎么办呢？他就会心底层建立一个防御性隔离——死亡层，把那些不想吸收的、让他痛苦的感受打包进去，保护自己不受到伤害。

试想一下，如果让孩子长时间生活和停留在死亡层的能量中，孩子会有什么样的感受？那么如何穿越和疗愈这个死亡层？这个时候青春期就来了。青春期真的是一个特别关键的时期，它启动了孩子心底的那部分自我疗愈的机制，很多孩子小时候吸收进死亡层的情绪，都会在青春期这个阶段转化、成长。

比如孩子小时候被父母说成笨蛋、傻瓜，进入青春期后，他为了摆脱这种死亡层上的阴影，就拼命想做成一件事情，渴望父母的夸奖。一旦这种做作法行之有效，他就会重新建立起自信。

所以孩子进入青春期，特别需要懂他并且适时引领他的教练式父母。

什么是教练呢？教练不是手把手地教孩子应该做什么？而是站在旁边给予更高维度的支持和引导，带领孩子去往更好的发展方向。为了明晰教练这个身份，我讲一个小故事：

今年夏天在我们的少年训练营中发生了一件事。当时是A组和B组两个小组的孩子进行团队赛。比赛中B组的孩子因为状态不好，眼看就要输了，这时候小组内的孩子开始互相埋怨，其中有一个小男孩突然跳出来，指着自己的队友就大骂："你们这一群蠢货，你们都是笨蛋，你们怎么这么笨啊？"

当时这个孩子是极度的愤怒的，很多的攻击性的语言就口没遮拦地跑出来。B组的孩子看着比赛输掉，心情也不好，所以B组的孩子就忿忿地去告状："老师，我们要开除他。老师，他就是在我们团队捣乱，我们不要他。"

当时的场面很乱，B组的教练老师一边安抚大家，一边走到小男孩的身边。轻轻去摸他的头，只是说了一句话，小男孩就哇的一下子哭出来。教练说："孩子，我有看见，你多想让你的团队赢啊！"那一刻，B组的孩子都沉默了，孩子一下子有了相互理解。所以当很多孩子看到的是小男孩破坏力时，教练看到的是，这个孩子太想让他团队好起来，只是用了不恰当的方式来表达而已。

大家试想一下，这时候如果没有教练呢，或者是现场一个批评指责型的教练呢？他和大多数人一样，只看到孩子的情绪，看不到孩子的内心，被指责过后的小男孩的内心就很容易会推到死亡层，既然大家都不理解我，那我也抛弃自己吧。他还会那么在乎大家，爱这个团队吗？

事实是被看见被理解的力量，引发了小男孩更要为团队负责的决心，也正是基于这份被理解，小组第二轮比赛时，小男孩拼尽全力冲在前面，他和B组小伙伴一起，顺利扳回一局。

青春期的孩子，开始更多跟自己的感受在一起，有力量表达自己，也许他们表达的方式没那么得体，甚至有些笨拙，但这就是青春期的孩子啊，他们就是在不断的探索尝试中学会面对，学会长大，学会负责任。作为父母，我们就是试着把生命和生活的自主权慢慢交还给孩子，给孩子空间，允许他们犯错，更允许他们可以和父母不一致。

比如我们家长都知道孩子说脏话不好，同时我们应该看到很多孩子就是在模仿成年人的方式，去释放自己内心的压力。也许是他们只是新奇，也许就是一种尝试，有多少家长在看到孩子骂人时，一顿劈头盖脸地收拾，并警告他如果再犯会有怎样的惩罚。

那一刻，我们否定的是孩子这个人，还是骂人这件事？如果否定这件事，为什么要惩罚孩子？如果否定这个人，就代表他做什么全是错的。教练型的父母会先好奇孩子说脏话的动机，同时引导孩子，你想表达情绪，有没有更高级更有效的方式？那些被看见被理解的孩子，同样也能理解别人，他们的内心会更有力量，愿意去建立更健全的人格。相反，经常性被父母批评和责罚的孩子，就很容易把自己封闭起来，并在这个错误里无休止地惩罚自己，他们透过父母对自己的否定，从而坚定地相信自己就是什么事都做不好，注定是失败者。

亲爱的家长们，如果我们说孩子是错的，没有关系，请同时告诉孩子什么是对的，否则，孩子就会用他的人生不断地试错，来证明他的错。

盲目的爱会扼杀孩子原本的生命力，智慧的爱却可以让生命开出花来，凡有困难的，必有同等的资源，能否从经历中获得最大价值就在这一念之间，案例中的教练就起到了扭转乾坤的作用。

孩子的界限感和归属感

进入青春期的孩子，开始敢于质疑和否定父母的决定。比如他们会说，谁让你动我东西啦？你尊重我的意见了吗？你怎么说话不算话呀？你做得还没有我做得好呢。

这个时候孩子跟我们之间的对话，不再是一个孩子跟父母的对话，更像是两个成年人之间的博弈。当然，这一刻你不能把他当成完整的成年人，他们的思维还没有达到独立思考的标准。可是他又不甘心做被安排的孩子，自我的建立，是青春期最重要的能力发展之一。

有些人，一辈子都在照顾别人的脸色，配合别人的感受。

这就是典型的青春期没有被允许做自己，小时候是为父母而活，成家后是为孩子活，等孩子长大，伴侣离开，突然间不知道怎么活了。过了半生突然发现拥有了很多，但似乎都不是自己想要的。

青春期孩子有了自我意识，也开始与别人之间建立界限。比如孩子会突然把房门关上，不允许你随便进入，或者他很介意你去翻他的东西，整理他的房间，他感觉到心情不好的时候，会告诉你，他现在不想和你说话。

这些都是孩子建立界限的一个信号：我要长大了，你要给我足够的空间。这个时候我们就不要轻易随便闯入孩子的空间。即使他的房间再乱，也不要去乱动他的东西，更不要未经孩子允许就随便替他做决定。否则，孩子会觉得在自我空间里没有安全感，那么孩子会设立更大的界限，把闯入他空间的人，推得更远。

我见过这样的家长，因为一件事和初二的儿子争吵，孩子气哭了，转身进了房间，把门摔上。这位父亲生气了，冲上去，用力一脚把房门踹开，把孩子生生从房间里揪出来：老子话还没说完呢，你就走？我们能想象那个画面里呈现的张力，那不是父子俩人之间沟通，更像是两个青春期少年的博弈。一位父亲想要教育孩子沟通的同时，也在用情绪破坏沟通。

界限不仅是行为上的，思想上的。在做任何关于孩子的决定前应该从尊重孩子开始。比如很多妈妈不停地按自己的喜好给孩子买衣服，孩子不喜欢的时候，没有意识到孩子已经有了关于审美的自我认知，而是觉得孩子不听话了。我们很多家长觉得孩子上高中，考大学，需要更好的学校。为了能给孩子一个更好的读书环境，他们找了很多关系，对比了很多学校，最后给孩子转学时，只是告诉孩子一个结果，这个学校更好。

在没有尊重和知会孩子的情况下，父母单方面做决定给孩子转学，这是对孩子造成伤害的一件事。读书是孩子的事，转学只是我们的建议，关于孩子的决定，一定是建立在父母和孩子共同认知的基础上。如果孩子并不认可新学校，或者感受到父母越界的压迫，他就会在内心产生对抗，由我不喜欢你们代替我做决定，转向攻击这个学校，攻击老师，攻击学习。

另一方面，我们说孩子跟成年人一样，毕生都在追寻两种感觉。一个是归属感，一个是价值感，从这个学校转移到另一个学校，这是归属感的转移。有的孩子适应能力好，很快接受了新学校。而对原来学校有很深的感情，在原来学校有好朋友的那些孩子呢？他们内心对原学校会有一种安全感，忠诚感：我不喜欢这里，想回原来的学校读书。

我就遇见过这样的案例，一个男孩，父母离婚了，他一直跟着爸爸生活，孩子读初中，在外地做生意的妈妈为了弥补内心的愧疚，就花了很多钱把孩子接到她所在城市的贵族学校，希望孩子有更好的发展。

可是新学校对于孩子来说，是完全陌生的，他更想跟原来的同学在一起，于是就三天两头旷课，逃学，到最后跟着那些校外的混混一起去偷窃。孩子妈妈很不理解：为什么我花了那么多钱，什么都给他最好的，他还要去偷手机呢？

是啊，孩子为什么要跟校外的那些人来往呢？我也这样问孩子，孩子说，他们接纳我，我觉得我们是一伙儿的。

我觉得我们是一伙儿的，这话听起来很是让人心疼，因为在这个孩子心中，爸爸妈妈离婚了，爸爸找了新的妻子，妈妈也有了新的生活，而他，跟谁是一伙儿呢？但凡有人关注他，接纳他，对这个孩子来说都是莫大的温暖。

2019 年有部动画片火了——《哪吒》。电影里哪吒有句台词感动了很多人，那个不被世俗接纳，倔强、叛逆、我行我素，不屑于交朋友的哪吒告诉敖丙：你是我唯一的朋友。就是这句“唯一”，能看到那个天不怕，地不怕的哪吒内心的孤独。电影里的哪吒就像是生活里青春期叛逆的孩子，真正让他改变的不是打压和控制，而是身边人的爱和包容，而朋友对他的意义更是远远高于这个年纪父母能予给他的。当一个孩子不能和同龄人在一起时，他就会产生巨大的失落感——他不够好，他被抛弃了。

孩子的自信感和价值感

我们说，用 5000 次的嘉许和肯定去培养出一个自信的孩子，一次否定和批判，就要用 5 次的嘉许才能达到平衡。

如何培养孩子自信？在他能够做到的过程中不断地给予嘉许和鼓励，让孩子在这个过程里，相信我可以做得到。嘉许和鼓励对有的家长很简单，对有的家长却太难，更有很多家长根本做不到，为什么？因为这些家长在很小的时候，他们的父母也不知道怎么嘉许和鼓励孩子，当孩子做不好的时候，他们更擅长指责和批评。人，永远给不出自己内在没有的东西，一个不懂得欣赏和嘉许自己的父母，自然也不会欣赏和嘉许孩子。我遇到过一个妈妈，听到我说嘉许，她马上反对，我的孩子确实什么都做不到怎么嘉许他啊？

孩子的人生才刚刚开始，如果我们不允许失败，孩子怎么可能遇见成功？到底是孩子做不到，还是家长认定他做不到呢？孩子永远是从父母的眼中看见自己未来的样子，就算是他什么都做不到，他也值得嘉许和鼓励。至少一次次被否定，被打倒，孩子还是愿意去尝试、坚持，不是吗？

去想象一个画面：一个孩子跌倒了，他的父母走过来说："怎么样？有没有受伤？你真棒，明明跌倒得很痛，还能这么快从地上爬起来。”听到这句话，那个跌倒的孩子会怎样？他会带着这份关爱前行，也更加相信他的勇敢和力量。

同样，一个孩子跌倒了，他的父母走过来说：“都这么大人了，还在摔跟头，你真没用。”这个孩子又会怎么样？也许他会觉得摔跟头是耻辱，是很失败的事情，为了逃避这种耻辱感，他连走路都是紧张的，他还会愿意奔跑吗？

从孩子跌倒这件事我们就可以看出，孩子对这件事的体验中，有赢、被鼓励、被嘉许的感觉，他就会愿意去做这件事，并且乐此不疲地持续创造成果来满足这份自信背后产生的价值感。反之，如果在这件事中孩子体验的是羞耻感、无力感；我做得不好，我不如别人，孩子就会抗拒、逃跑，乃至破坏。

很多带孩子来咨询的家长都有一个共同的焦虑，孩子过度沉迷手机、网络游戏。大多数沉迷网络游戏的孩子都有一个共同点，就是他们没有自己的兴趣爱好，也没有自己交往的朋友。大家都知道，在这个世界上没有人可以独立的生存下去，人们对交往的需求来自本能。人们一旦沉迷一种事物并进入成瘾的状态，背后一定是这种瘾症背后有能填补他内心坑洞的资源。

2020 年春节正值新冠疫情期，我很大一部分时间都是在讲微课，几乎每天都在课程里。突然有一天，我发现不知什么时候起我小儿子从早到晚都捧着手机，要么打游戏，要么刷抖音。我跟他说了几次，他依旧继续迷恋手机，有一天我火了，发了一场很大的脾气，我说："你太让我失望了，我以前那个努力，勤奋的宝贝不见了，现在这个孩子已经网络成瘾，再这样下去你就废掉了。"

然后我的孩子低着头，慢慢走进他的房间，关上门，隔着门，我听到他在房间里哭。过了很久，他走出来说："妈妈我想和您谈谈。"

他说："妈妈，您这样说我很伤心。这个假期您每天都在忙，每天都在打电话，在讲课，您陪伴过我吗？我就是自己跟自己待着，手机能陪着我，您会陪着我吗？我想念以前那个妈妈，以前的妈妈每天都会陪着我玩一会儿，认真听我说话，在我做错事情的时候会相信我，鼓励我。我不喜欢现在这个妈妈，每天除了工作就是工作，根本不管我，还总是批评我骂我。"

孩子的话让我一句都回复不上来，确实是我忽略了孩子，确实在这段时间，我表现出来的是工作比孩子更重要，让孩子意识到我已经不需要他了。既然是这样，孩子就去找到一个他可以被看中，被需要的地方，比如游戏中。

我很庆幸透过这件事，看到我之前和孩子的互动没有白做，孩子在有情绪的时候第一时间回到房间处理了自己的情绪，然后再主动来找我，把他的感受说出来，这是一次很好的沟通。有多少孩子，被父母骂了以后，把情绪压下去，屏蔽掉感受，到最后亲子关系越来越远，父母越来越着急，孩子也越来越孤独。

网络游戏设计得比很多家长都更懂得孩子的心，如果你失败了，他会说没关系，再来一次，我相信你。你成功了，他会说，你真棒，你会取得更好的成绩。每过一关都会有积分，升级，各种奖励，这种不停地嘉许，持续地被肯定，充分地被理解，被看见，是孩子这个年纪特别渴望的心灵营养。网络游戏吸引什么样的孩子呢？那些在家里被习惯性否定的孩子，在生活中没有人那么理解他，相信他，他就会迷恋在网上获得的自信和价值感。

前两天跟我一个朋友聊天，她非常生气地说，她老公这两天在网上打游戏居然充值一万多，要知道她老公一个月的薪水也才几千块，朋友说她快气疯了，到底什么样的游戏能让她老公这样向来节俭的男人舍得一下子花掉一万块钱呢？

我大概能理解她老公，也许一个在事业上成就一般，在生活里也不被需要的一个男人，普通的男人，突然有一天在游戏中得到的高价值感，刚好填补了他生活中得不到的渴望，还有那份他被队友需要和羡慕都奠定了他想要坚守这种感觉的渴望。

网络除了可以给予孩子自信、价值感、归属感之外，还有一些内向、忧郁的孩子渴望透过网络来完成跟人的连接。这个世界没有人是一座孤岛，每个人都需要朋友，青春期的孩子更是如此。就像我之前说的青春期延迟的孩子，他们基本上生活里没什么朋友，也没自己的爱好和兴趣，他们甚至对活着都没有特别的兴趣，对他们来说，身边的人太可怕了，要么指责，要么控制，而他们内心又需要和期待朋友，怎么办呢？网络交友就成为这些孩子心灵交付地方。

我与一个患有抑郁症的孩子对话是这样的：

——孩子，你有朋友吗？

——没有。

——你有自己的兴趣爱好吗？

——没有。

——你最喜欢做的事情是什么？

——不知道。

——你有什么愿望吗？

——我想去死。

试想一下，一个孩子对生命没有任何渴望，他的情绪向内攻击时，孩子靠什么支撑着活下去？从另一个角度看，家长们深恶痛绝的网络游戏，在某种时刻起到拯救孩子的作用，让孩子在这个世界上还能感受到一丝温度，让他感觉到自己被需要。

精神分析师曾奇峰就孩子沉迷于网络游戏这个话题发表过他的看法：沉溺游戏的孩子那些多于人之常情的需要是怎么来的？可能的原因是：

1. 孩子被“逼进”了游戏的世界，因为现实世界他无法操控，也无法获得快乐和成就感。在现实世界里，他只是一个空有躯壳的傀儡；而在游戏世界里，他是自己的和世界的主人。

2. 游戏成了孩子跟父母权力斗争的工具：父母管得越多，孩子反抗就越多。我们大约量化一下这个事情：本来孩子也许玩半个小时就玩腻了，就可能干点别的事情，但是父母的控制让他很不舒服，就要通过再玩半小时来缓解自己的不舒服。

3. 禁忌制造诱惑，对游戏的禁忌增加了游戏的诱惑力。

4. 人人都有受虐的倾向，孩子玩游戏遭到的“惩罚”，会激活他的受虐需要，并且，随着惩罚的升级，他的受虐瘾也会升级。

所以当我们的孩子出现问题的时候，我们不要归咎于问题的本身，而是更应该去思考，是什么让孩子想要去到游戏里。当然，网络发达的现代社会，学习好的孩子一样玩游戏，区别在于，他们的日常生活丰富，人生日标清晰，他们有很多种可以链接情感的渠道，在他们的生活里，游戏只是休闲的选项之一，并不是救命稻草。

在我的咨询室，有 90% 的家长是因为孩子的学习出了问题前来求助的，而事实是，有 90% 的孩子出问题的原因无关学习。可悲的是，家长所关注的焦点更执着于是不是跟心理咨询师聊完了，我的孩子就可以回去乖乖学习了。

有一位家长带着孩子来找我，她的孩子已经进入拒绝沟通的状态，整个人蜷缩在沙发上，手里拿着手机，眼睛空洞无神。他不打游戏，也不刷抖音，只是看着屏幕发呆。我叫他的名字，他很久才回过神来，努力地望向我，眼神依旧发呆。

孩子的家长问我："要过来多少次咨询，孩子就可以回去学习，迎接高考。"我问家长："如果孩子回到学校，考 0 分，你可以接受吗?"家长回答："我肯定不能接受，他必须得考好，没有第二条路。"

我只好换一种方式和她沟通，打个比方：一个孩子在比赛的时候受伤了，腿部骨折了，孩子的父母带他去看医生，问医生能不能尽快处理下腿，让他完成比赛，即使赛后永远残疾了也无所谓。

我问家长怎么看这个故事，她似乎明白了些，接着问我："老师，可以一边读书一边治疗吗? 快考试了，绝不能让孩子成绩掉下来。"

…………

关于内心死亡层的释放

孩子进入青春期会经历什么？有的孩子把精力用在树立目标，探索和尝试更多可能性，有的孩子则叛逆、厌学、逃学、迷恋网游、攀比、打架、早恋。随着各种问题的出现和家长的各种担心，很多时候家长们都开始进入了救火式的教育。

救火式教育即那些平时只关注孩子物质层面的家长，一旦孩子心理出现问题就焦虑万分，要么和孩子展开对错大战，要么一巴掌拍死，理由是我是你爸你妈，你得听我的。为什么很多家长都对“叛逆”这个词有感觉呢？因为孩子确实没有小时候听话了。“听话”这个词对小孩子说管用，在小孩子的信念里听话的孩子就是好孩子，而对一个青春期的孩子，要求他听自己不认同的话是一种控制，是不允许他做自己。对于一个不再想听话的孩子而言，听话是没有自由的。

为什么孩子不再听话了？

青春期的孩子之所以不再听话，是他开始发现父母并不一定是对的。孩子不能批评父母，但可以用拒绝的方式告诉父母，在这件事情上我不想认同你。

孩子在 10 岁以下，我们对他进行保护和提出建议是孩子认知这个世界的最初通道。大多数 10 岁以下的孩子会毫无疑问地听从父母的。他也会很认真地从父母身上学习他愿意学到的，不管父母说什么，做什么，在孩子的认知里，世界就是这样子的。

可是进入了青春期，孩子曾经和父母之前互动的那些不舒服就会不断地涌现。这些孩子想要向外吐出来的情绪就是10岁以前接受的不舒服并且不愿意吸收的。有个妈妈问我，为什么她一管孩子，孩子就跟她喊："我不要你管，你管过我吗？"

这个孩子在很小的时候跟父母有过亲子关系中断。什么是亲子关系中断？就是一个孩子在0到13岁之间，和父母有超过半年的分离，是亲子关系中比较严重的心灵创伤，对孩子的影响仅次于车祸（关于亲子关系中断的部分在后面具体章节里我会详细讲）。我们通过这个孩子的话，能够感受到他对父母的控诉：我不要你管！你管过我吗？换个角度可以这样理解：爸爸妈妈，我多希望小时候你们可以管管我，陪陪我。

这时候智慧的家长也许就停下来，聚焦到亲子关系中断这件事上，家长和孩子一起面对面，重新梳理事件，告诉孩子爸爸妈妈的遗憾。也告诉孩子："孩子请你等等，妈妈也想做一个好妈妈。现在你在妈妈身边了，妈妈希望后面的日子可以多陪陪你。"就算曾经有过亲子关系中断，当父母说出这句话，孩子内心能不变柔软吗？相反，如果我们没有从孩子指责的话里看到孩子内心的渴望，就会对孩子进行更大的攻击和压制，比如有家长会说："你敢顶嘴？我还管不了你了？我是你爹/你妈，必须听我的。"每一场战争，总要有个人先停止，孩子就会把刚吐出来的不舒服情绪再吞进去，送至他内心的死亡层。会发生什么呢？孩子为了自我保护会通过冷漠、麻木，或者攻击等方式来进行自我防御。

有一次来我这里咨询的一个孩子进门就哭了，我问他怎么了，他说刚刚看到爸爸跟工作人员说话语气很差，他提醒了爸爸这样不对，爸爸骂了他："老子的事你少管。"这孩子当时愤怒地说了一句："我长大了一定不要成为他那样的人。"

我长大了，一定不要有父母那样的缺点。相信很多人都曾经说过，结果呢？长大以后，我们拒绝的父母身上那些品质我们统统照单全收。因为，我们就是父母的复印件。

孩子长大了，开始建立自己的人生观，也懂得去感受别人的感受。爸爸的一句"老子的事你少管，"对孩子的影响会是什么？他会学到，"以后别人指出我不对的时候，我也可以用骂人来逃避。"但是如果爸爸停下来，问问孩子："你怎么看刚才这件事"，并对孩子说得对的地方给予肯定，孩子的自我反思，自我觉察能力会不会从这一刻开始建立起来？

我做了几年青少年的疗愈，在我眼里没有有问题的孩子，那些所谓的有问题的孩子，都是长期没有被"看见"，得不到理解的孩子。他们所表现的不在乎，背后却是我真的很在乎。

他们所表现的无所谓，却是我真的想在你心中成为一个好孩子。他们对外所有的攻击就是孩子的恨，都是凝固的爱。

我们凭什么做一个孩子的爸妈？凭我们在经济物质上养活他们吗？这个福利院也可以做到。凭我们给他洗衣做饭照顾他吗？这点保姆也可以做到。我想，养育一个孩子最大的责任是父母给予孩子更多在生活中的率先垂范，孩子以我们为榜样学习行为模式。如果我们处理问题的姿态是非成人化的，如果我们内在人格还有很多的孩子气，我们的孩子就很难从我们身上学习到成熟和负责任。用心观察，在成年人的世界里，在我们周围有很多的委屈、控制、叛逆的“成年巨婴”。

什么叫成年巨婴？就是他已经成为了爸爸妈妈，三四十岁的成年人，但是他的言行和行为会显露出孩子的状态。一件事情发生时，要么指责，要么抱怨，都是别人的错。或者跟孩子去对打，跟孩子吵架，跟孩子去争论：“你错没错？你再这样我就不给你钱花，我就不管你了。”一个家庭里不是靠爸爸妈妈言传身教，而是打压和制服拿到管理权。

这样的家庭教育会让很多青春期的孩子进入到内耗里。有了家里的战场，也不去创造，去突破，去做自己，而是跟父母的对抗，青春期，人生最宝贵的行为品质建立期，就在这样的内耗中过去了。

什么类型的父母最能支持到孩子？

我们一生中学习过很多技能，领过很多证书，唯独养育孩子，我们没有考过任何证件就直接上岗了。那我们的育儿经验从哪里来呢？很大程度上来自于我们的原生家庭，父母怎么对我们，我们就怎么对孩子。当我们带着家传的教育模式去养育我们的孩子时，我们忘记了，时代不一样了，我们的孩子与我们的经历并不相同，同样的养育方式未必有同样的效果。这也就是我在开篇时提到的：当出现心理问题的孩子越来越多时，作为父母，我们应该做些什么？我们无意识造成的问题，有没有更高的智慧去解决，这是重点。

没有经过学习成长的父母，在家庭教育方式方面，一般来说会扮演四种角色。

第一种：管教式父母。

孩子无论做什么，父母总能从中挑到一些错误，哪里还没做好，哪里还不足够，然后孩子小的时候就会拼命的改自己，以为改好了父母就会爱我。可是，管教式的父母习惯了盯着孩子没有做到的部分，他们基本上很少嘉许孩子已经做到的，但孩子哪里没有做到，就立马跳出来，抓住孩子不足的部分，绝不放过。这样教育下长大的孩子在进入青春期后，发现自己怎么改都没法让父母满意，当他开始有力量表达拒绝时，就会反抗——够了，愿意改你们去改，愿意学你们去学。我不干了。

第二种：警察式父母。

警察式的父母基本上都比较强势，他们只允许孩子按照自己想要的方式发展，并且孩子人生的每一步他们都会安排好，只要孩子出一点错，小本本就记上去，有时候孩子犯的错误再大一些，爸爸妈妈就把记录孩子“罪状”的小本子拿出来，一条条细数孩子的罪不可恕。偶尔孩子受不了这份审判想要逃得远远的，警察式父母就会跑到天涯海角地把孩子追回来，直到孩子俯首认罪。这样家庭环境下长大的孩子，一般都很难有自己的主见，基本上父母说什么就是什么，他不会吵，当然孩子也知道自己吵不过。

第三种：交易型父母。

简单地说，交易型的父母对孩子的爱，是有条件的爱。比如，这次你考一百分，我就给你买什么。下次你要进前几名，才会带你出去玩，如果孩子做不到，他们就会拼命送孩子去各种补习班，总之，我这么为你付出，你就必须活出我想要的样子。一旦孩子做不到，交易型的家长就会有各种抱怨讨伐，什么我天天围着你，好吃的都给你，赚到的钱都给你，你就考这点分，你对得起我吗？父母的讲条件，也让孩子学会了讨价还价，一旦条件无法满意，孩子就会施行破坏或者放弃。这样的孩子一般会在初高中出现问题，因为学习是为了父母，不是为了自己。就像幼儿园的小朋友，一朵小红花可以让他兴奋好几天，但是对初高中生来说，为别人的夸奖而学习，太难。

第四种：保姆型父母。

这样的家长基本上以孩子为中心，最明显的表现是夫妻间没有自己的空间，孩子就是一切，孩子爱吃什么，家里就买什么。孩子遇到什么事，父母出面解决。孩子在哪里读书，父母就去哪里陪读。就算孩子已经读到大学，父母也会无微不至地照顾孩子，他们最常说的话是：你好好学习就行，家里什么都不用你。这样家庭中长大的孩子不知道感恩，对父母权威没有绝对的臣服，所有的人都是为我而活，我是中心点。保姆式的爱孕育出来的孩子，意志力比较薄弱，以公主病、王子病居多。这样的孩子很难为自己负责任，当然也很难为别人负责任。

那么什么样的父母是孩子需要的呢？我总结出四个类型分享给大家。

助手型父母

助手型父母最大的特点是界限清晰，决不会强行介入孩子任何空间。助手型父母当孩子受了委屈、无助的时候给予他倾听、拥抱、陪伴。当孩子需要冷静、独自面对情绪时，给予他信任、空间、允许。当孩子迷茫、内疚的时候，给予他理解、信任、鼓励。助手型父母就像是一把家庭必备的大伞。平时并不常用，但遇到恶劣天气或者突发事件，这把大伞一定会第一时间遮风挡雨，他们会让孩子觉得背后有人，家里有支持者，有安全感。

军师型父母

军师型父母会看着自己的孩子按照他想要的方式成长，并在适当的时候给予合适的建议和方向。军师型的父母从来不会强硬地告诉孩子，你做的是错的，而是在听完孩子的想法或者看到孩子的行为过后，以一个建议者的身份向孩子表达他的看法。这份建议也包含着允许，就算孩子并没有采纳，军师型的父母依旧会在孩子跌倒的时候，把孩子扶起来。等孩子转身需要时，军师型父母一定会提出最适合孩子的建议。

“美图师”型父母

人无完人，每个人都有优点和缺点，成功的人之所以成功，是他们活出了自己擅长的部分。如果是孩子的表现不够好，或者出现失误，身为父母的他们依然能欣赏并肯定孩子做到的部分，孩子就会愿意在这份相信中奔跑前行。“美图师”型父母会有选择地在孩子擅长、优秀的部分聚焦，同时，会淡化和修饰那些孩子劣势和做不到的部分，这样孩子眼中就是父母“修图”后的自己。

教练型父母

这也是我们这本书着重要讲的类型。如果用画面呈现，教练型父母的位置一般会处在孩子的右后方。右边是力量的位置，后方是支持的位置。教练型父母一般在青春期出现，教练式父母最常说的会有三句话：“这件事你怎么看？你决定！我相信你！”即使孩子做错了，教练式父母也不会急于否定，他们或者陪着孩子一起去经历，在失败中拿到经验，或者适当地提出自己的建议。教练型父母最大的特点是他们的爱永远会比孩子大一号，无论孩子发生什么事，他们总能看到更多的资源，将事件转化成孩子成长的养分。一个好教练不一定是冠军，但好教练一定可以为这个世界培养出冠军。

不想听道理，只想要个拥抱

我小儿子贝拉今年 9 岁，读小学三年级，是个很开朗活泼的小男孩，每天我去接他放学都会问上一句：今天你开心吗？

这天贝拉的反应和从前不一样，他的表情委屈得要哭出来。我发现不对，蹲下来搂着他，问他怎么了。

他说："妈妈，明天我再也不来上学了。"

我想知道发生了什么事，他压抑着不肯说。

按以往的日程安排，我接到先送去他喜欢的奥数班。但今天贝拉的表现让我决定给奥数老师打个电话请假，先处理孩子的问题更重要。

我带着贝拉回到家里，帮着他把外套挂好，然后我们一起坐在沙发上，他开始在抽泣中讲述：今天学校课间餐时发了一瓶香蕉味的学生奶，小贝拉没喝过香蕉味的学生奶，就想把奶带回家喝。过了课间，有同学看到贝拉桌子上还有奶，告诉了班长。班长看到后，误会了贝拉多拿了一瓶奶。

班长让贝拉把香蕉奶送回去，贝拉不肯，说自己没舍得喝想把牛奶带回家，班长不信，从贝拉手里抢过香蕉奶，扔进垃圾桶。

作为妈妈，我能理解孩子的感受。同学的告状，班长的误会，让他深深觉得自己被这个小团体抛弃了，他很伤心，他要离开这个团体，不想上学了。

如果是以前的我，可能会简单地安慰孩子几句：不就是一瓶牛奶吗？有什么大不了的。男孩子还哭鼻子，好丢脸哦！再或者直接打电话给老师，找那个班长的家长。孩子被冤枉了，我得为孩子讨回公道。

现在学习成长后，我能理解孩子的感受，这个时候他根本不想听什么道理，只想要妈妈的理解和一个拥抱。同时这是他成长必经之路，每一件事情的发生都有两面性。我把他抱在怀里说："妈妈知道你一定特别委屈，这件事班长做的是不对的。"

就这一句，贝拉大哭起来，嘴里喊着："我恨死他了，他根本不配当班长。"

"对，喊出来！你们班长确实不对，他怎么可以这样冤枉贝拉呢？这样不公平，让我们的贝拉真的很委屈。"

我越是这样说，贝拉越是委屈，哭得更厉害了。他拿起座位旁边的一个物件扔到前面。

“对，如果你还生气，可以去打车垫子，也可以喊出来。”我引导贝拉用他的方式把情绪发泄出来，贝拉打了一下垫子，哭着大声喊：“×× 我要打死你！你根本不配做班长！”

我在旁边默默地陪着，我没有安慰贝拉，只是偶尔会说一句：“是的，班长冤枉贝拉了，贝拉现在很委屈。”

等贝拉哭得差不多了，委屈的情绪也渐渐消失了，我走过去抚摸他的头：“你需要妈妈为你做什么？”

贝拉说：“妈妈我要买一百个香蕉味儿的牛奶。”我心里觉得好笑，就问他：“这件事你除了生班长的气，还有委屈没有喝到香蕉味的牛奶对吗？”

贝拉又哭了，说：“我很喜欢那个香蕉味的奶的，我都没喝过。”

我打开淘宝，搜索香蕉味的学生奶，让他去找是哪种奶，妈妈买给他，多买几瓶。

对于香蕉牛奶的事情释怀了，我问：“贝拉，现在你还生班长的气吗？”

“我生气，我就不要上学了，再也不要见他。”他虽这么说，我能感觉到他的感受跟放学时候已经完全不一样了。

“可是贝拉，班长确实做了不公平的事，同时我们要公平地去想：班长是误会你了，还是故意针对你？”

“他就是针对我。”贝拉气呼呼地说。

“那是真的吗？你确定是真的吗？”我再次问贝拉。

“他是误会了，也有点针对我。”贝拉的回答开始有些变化。

“妈妈想问你，比如你在玩的太高兴奔跑的时候，不会不小心撞到别人？”

“会。”

“再比如你在教室里走路时，会不会不小心碰到同学的文具？”

“也会。”

“所以呢？当我们不是故意伤害别人的时候，希望不希望别人原谅我们？”

“希望，可是班长都没有道歉。”

“所以我们从这件事情上学习到了什么？”

“误会了别人也要和别人道歉。”

“是的，你是个好孩子，这不是你的错，同时妈妈希望你以后会是个有大格局的男子汉。”

“嗯，妈妈。可是我心里还是不舒服。”

“如果是那个更成熟，更有智慧的贝拉他会怎么做这件事？”我从身份上给贝拉引导。

“我会告诉老师，这件事是他不对。而且我会和他讲，他冤枉我了，我要把事实请清楚。”

“太好了，妈妈为你的坚持点赞。”我伸出手跟孩子击掌。

之所以把生活中的小故事写在开篇是想让更多人明白，孩子青春期之所以会出问题，不是青春期的问题，而是孩子很小的时候，情感已经被压抑了。比如小贝拉在学校被同学冤枉的这个事件，作为孩子如果没有表达出内在不舒服的感受，家长没有及时发现，并且帮助孩子处理，孩子很可能在“被冤枉”的感受上就会产生一个不舒服的结。然后在日后的生活中，只要感觉被身边人误会，他内心都会升起一种委屈和恨意不管他在后面的人生遇到了谁，发生什么，他都会不断地重复小时候被冤枉的记忆，并在成长的过程中，无意识地攻击让他产生这种感受的人。其实他内心想表达的就是：你冤枉我了，你误会我了，我很委屈。

我接手的案例有很多孩子在事件中产生了不舒服的情绪没有及时疏通和释放，就会积压在心底，从而在成长中不断地压抑，直到最后爆发。

那么如何让我们的情绪及时得到释放呢？人的情绪会分几个通道走，第一种，是向外攻击式：比如有些人遇到让自己心里不舒服的人就会用行为或语言攻击别人，让别人也感受到这种不舒服。他们和别人之间的情感，总是不断地摧毁再不断地重建，很难跟人有和谐长久的关系。

第二种，向内攻击式：这种人一般为了息事宁人，习惯把情绪压抑在心底，不表达内心的感受，长期积压在身体里的情绪就像是一种毒素慢慢侵蚀自己的身体健康，《人民日报》曾经报道过：人体有 80% 的疾病是由内在的情绪引起，那些把情绪压抑在身体内，向内攻击的人，过了四十岁，身体会有各种症状出来。

既然向内攻击不行，向外攻击也不行，怎么样才是处理情绪的最好方式呢？

这里我们就需要艺术性表达。

艺术性表达多半跟一个人的兴趣爱好有关，绘画、写作、弹琴、唱歌、打鼓、跳舞、跑步、演讲，等等，我们常说，一个人做自己擅长和喜欢的事情时，他是会忘记时间和空间的，在做这件事情时，他不仅有足够的热情和创造力，还可以让自己在这项爱好中找到一种平衡和流动。

比如我们常见的广场舞，在某种程度来说拯救了许多老年人，这种有群体，有共同爱好的释放，让老年人在跳舞的时候，也在调整自己的身心。

我认识一位老红军爷爷，他中年丧妻，老年丧子，加上战友相继离去，可以试想老人内心的孤独。但现实是这位老爷爷不光心态好，还乐于帮助年轻人。后来我发现，老人家之所以这么乐观，是他有一个爱好——书法。他把亲人、战友的离去，都宣泄进他的书法世界，在和书法的链接过程中，进行了自我整合。

生活中有个人爱好的成年人和孩子都很容易找到自己调整情绪的方式和释放情绪的出口，反之那些长时间抑郁、躁狂的孩子基本上没有自己的兴趣爱好，也不知道如何跟他人沟通。在条件允许的情况下，一定要多陪伴孩子去找到他的兴趣爱好，因为一个对事物没有爱好的孩子，是不可能热爱生活、热爱他的人生的。

看不见的委屈，压抑成疾

司奇，19岁男孩，父母离异，高二那年休学，在家里一休就是两年，两年来没有朋友，没有兴趣爱好，每天就是打打游戏上网。司奇爸爸是位技术工人，每天作息时间很有规律，父子俩平时交流不多。昨天半夜里司奇爸爸突然听到司奇在房间里哭，第一次见到儿子这么哭的司奇爸爸不知所措，他想了很久，带孩子来咨询。

和司奇爸爸聊天，我想多了解些司奇的情况，但是很遗憾，司奇爸爸只寥寥数语，除了电话里沟通过的孩子比较内向，不爱说话，高二休学，再没有其他。我问司奇爸爸，他们父子俩平时怎么生活，司奇爸爸说，他每天上班，孩子自己在家里。孩子花销很少，不出门，偶尔需要点什么，支出也不大。问他孩子高二为什么休学，休学以后有什么想法，司奇爸爸一概不知，看得出，司奇爸爸跟司奇是很少沟通的。

司奇已经 19 岁了，言谈举止却像个孩子，一个有些不擅长交流的孩子。

司奇说来这里咨询是爸爸要求的，他不想。

我问司奇："在成长的过程中，有开心的事吗？""没有！"司奇回答。"有不开心的事吗？""也没有！"司奇满脸的无所谓。

聊天的时候，我发现即便房间里的温度有些偏高，司奇还是穿着厚厚的棉袄，他的棉袄拉链很高，透过拉链，能看到里面的衬衫扣得非常紧，司奇的脖子有点粗，衬衫扣得太紧，感觉很压抑、透不过气，这是一个没有安全感的孩子自我保护的一个细节。

我让司奇去感觉一下，他的领口会不会系得有点紧。

司奇说他没感觉。

我说："试一下，说不定就有感觉出来。"

司奇没有任何表情地把衣领第一个扣子解开，长长地吁了一口气，我也感觉到一种被信任的轻松。

我和司奇聊起了游戏，司奇说起他还算喜欢的两款游戏。我从游戏里寻找资源，问司奇："这两款游戏逻辑分析能力好的人就容易赢，在学校里是不是理科成绩不错？"

司奇说："还行，高二那年数学考了 119 分。"

我很顺利地和司奇聊起他的高中生活，司奇的高中平平淡淡，学习成绩中等，朋友不多。

“那为什么突然不读了？”我直接问。

“没什么，就是不想读了。”司奇想了想，没有抗拒我的意思，但事情过去太久了，他确实想不出当初为什么不想读。

不想读，就是心思不在学习上咯？那么司奇的心思在哪儿呢？我问了一个非常重要的问题：“你退学的时候，爸爸妈妈的感情怎么样？”

“他们？我管不了他们，也不管他们。”

“他们会吵架吗？”

“会，天天吵。”

“那爸爸妈妈吵架的时候你会做什么呢？”

“我不管，他们吵他们的，我把房间关上。”

“爸爸妈妈那个时候吵架有提到过离婚吗？”

“有。”司奇的声音很低，很快又上又扬：“反正他们一直分着，离和不离都一样。”

“司奇，你知道有一些孩子就是怕爸爸妈妈离婚，怕失去这个家，他就干脆不上学，守着这个家，在一个孩子的信念里，只要他守着这个家，家就不会散了。”

说到这里，我去看司奇，他低下头，表情沉重。

“其实我不上学也不全是因为他们，主要是同学给我起外号。”

“起外号？”

这又是一个新的信号。

司奇说：“我这个故事有点长，还是别讲了。”

“那，咱们就说说你这个很长很长的故事，从什么时候开始的？”

事情要从司奇读初二那年说起。在司奇就读的初中，教学楼里的楼梯出现了问题，同学每天进出都很小心翼翼，生怕碰到楼梯砸到自己。那天司奇和往常一样下楼，刚到楼梯拐角，突然间砖头脱落。当时情况发生突然，很多同学都被吓到，包括司奇。有同学飞快地把这件事告诉了老师，当时值班的是一名体育老师。

体育老师赶过来，看到倒塌的楼梯，对司奇劈头盖脸就是一顿教训，责怪司奇弄坏了学校设施。

我问司奇：“体育老师那么说你，你当时有什么感受？”“我没什么感受。”司奇说得轻描淡写。

我问司奇：“被老师冤枉这件事回家有没有告诉爸爸妈妈？”他说：“没有，不想说，怕爸爸妈妈担心。”之后，司奇说他不喜欢后来同学们给他起的外号。

“什么外号？”

司奇用手捂着嘴巴，憋了很久，说：“我讲不出来。”

“我猜猜哈，”我故意把气氛弄的轻松些，“同学们叫你重建超人？叫你飞天侠？”

“都不是，”司奇继续用手捂着嘴巴，“叫……”

“叫什么？”

“他们叫我楼梯侠。”

“楼梯侠”这三个字从司奇的嘴里说出来的时候，他咳了两下，他的表情很奇怪，看不懂是想哭，还是想笑，总之非常尴尬。司奇说，本来他以为这件事上完初中就过去了，没想到读高二，有个初中同学居然把他这个外号喊出来了，他就觉得很丢脸，再也不想去学校了。

那一刻，我一下子明白司奇对这件事情的耿耿于怀。对于成年人的我们来说，也许就是一个楼梯倒塌一个学生被冤枉的事情，但是对初二的司奇来说，那个事件是很难承受的。

我问司奇：“这件事情过去几年了？”

“五年了。”

“可是司奇，在你的心里这件事一直没有过去，你还站在那个楼梯口，那个初二的司奇很委屈，你看见了吗？”

司奇不作声，低下头。

我尝试着带司奇回到初二那个画面，我让他闭上眼睛，去看看楼梯倒塌的画面，去看见骂他的老师，去看见那个被冤枉的小司奇。

“你现在有什么感受？”

司奇用手捂着嘴巴，咳了两下，像是想笑，又像是哭。

“好孩子，如果你觉得喊不出来，可以把衬衫的第一个扣子解开。”司奇犹豫了一下，解开扣子，我很明显感觉到他长长地吁了一口气。

“来，司奇心里有委屈，就让情绪出来。”

司奇又咳了两下，闭着眼睛，他的身体开始有情绪出来，我带着司奇去看那个画面，去看见那个批评他的老师，让司奇表达：“老师，你冤枉我了，我好委屈。”

“我好委屈”这四个字一说出来，司奇的情绪就崩溃了，眼泪止不住地往下掉。

“对，司奇，好样的，有什么话想对体育老师说，你都讲出来。”

“你是老师，你不该冤枉我。”这时候的司奇连同他的感受一起回到初二的学生时代，他的声音很小，依然可以听到他在哭泣中不断的重复：“我好委屈，我好委屈。”

司奇喊了出来：“爸爸妈妈，我好委屈，爸爸妈妈我想回家。”

接下来，司奇哭得更厉害了。当他想要进入头脑层面，停下来时，我就会鼓励他：“司奇，跟那个委屈的司奇在一起，把他心里的委屈全都哭出来。”司奇就会再次进入委屈的情绪，一次又一次，在哭了将近半个小时之后，他长长吁了一口气，

“老师，我现在没那么委屈了。”

“非常好，司奇依旧闭着眼睛，去看到那个体育老师，你想对他说什么？”

“我想说我讨厌你，你不是个好老师。”

“对，表达出来，把你当时没有表达的话都说出来。”

“你不应该那么说我，楼梯不是我弄坏的。”

司奇继续表达，当他把心底的愤怒委屈全部表达出来后，看着面前的一堆纸巾，很不好意思地和我说：“谢谢。”

“司奇，现在作为19岁的你，怎么看这件事？”

司奇笑了，说：“其实也没什么，现在看这件事也不大，同学起外号也没什么。”

“也许，同学起的外号会让你觉得，大家都认为那件事是你做的，每次同学说起这个外号，就会触动你对那件事的委屈感受。”

“是的，”司奇用力点头。

接下来我带着司奇从这个事件里拿礼物，司奇说他想不到有什么礼物可收。我说：“我看到了那个柔软有爱，为了不让爸爸妈妈担心，把整个事件都自己扛下来的司奇，你是一个有担当的人。我也看到了那个在被老师误会以后，独自吞下所有委屈的司奇，你是一个包容别人的人。”

“司奇，你还看到了什么？”

司奇闭上眼睛，又回到那个事件。过了很久，他说："我看到了慈悲。"

"还有呢？"我带着司奇进行更深入的寻找资源。

他很善良，也很坚强。他也很懂事。司奇开始懂得嘉许那个初二的小司奇。

司奇睁开眼睛，如释重负地吐出一口气，然后笑了，问我："老师我是不是太小心眼儿了？"

"绝对不是。这件事对一个成年来说算不得什么，但是对那个读初二的你来说就是天大的事。"

我问司奇："在家里待了两年了，你想过去找一份工作吗？"

"我找过两份工作，做的都不长久，因为不喜欢。"

"那你喜欢什么样的工作？"我问

"我也不知道，好像我没什么特别喜欢的。"

我问司奇前两份工作都是做什么，司奇说："一个是保险，一个是销售。这两份工作都不适合我，可是我喜欢什么我又不知道。"司奇有些挫败地低下头。

"其实你很好，也许你不知道自己适合什么样的工作，但你能很果断地拒绝掉不适合自己的工作，这就是为下一份工作准备呀，"我问司奇，"你小时候有没有比较喜欢的事？"

司奇想了又想说："我比较喜欢把玩具拆下来再装上。这算不算是兴趣？"

“当然算，你去感觉一下，有一天你坐在办公室研究一个你喜欢的物件或者是数据，有什么感受？”

“还行，挺好的，可以接受。老师，我读书的时候数学很好，最高成绩119分。还有历史也不错，我也喜欢。”司奇开始愿意谈论他的高中生活了，我有点遗憾，如果在高二那年，司奇的爸爸可以带他去见心理医生，也许现在司奇已经读大学了。

我问司奇有没有想过自己未来的样子，司奇说没有。我给司奇一个任务，就是回去以后，去人才市场转转，去看看有没有一些职位让他心动，心动的那一刹那，就是感觉。

司奇临走的时候，对我深深鞠了一躬，他告诉我，长这么大，他从来没有这样哭过，今天的体验很好，他感觉有很多背着的东西卸下去了。

司奇第二次来的时候，已经不像之前那么拘谨，我注意到一个细节，他进房间，衬衫的第一个扣子是打开的。

司奇说上次回去以后，他的睡眠变好了，人也轻松很多，他觉得他没什么事了。我问司奇有没有做功课？司奇说他喜欢那种陪伴小孩子一起去探索的工作，比如编程、乐高、创造力开发，等等，他最近关注有关青少年成长的工作。

我邀请司奇做一个沙盘，他拒绝了，很不好意思地问我：“如果一个人对什么都没有欲望，经常是一种麻木的状态，这是不是病？”

我说：“不是病，这是他感觉不到爱了。”

我告诉司奇：“有很多人之所以压抑，麻木，抑郁是把心门关上了，感觉不到爱的同时，自然也就没有喜怒哀乐。”

“那怎么办？”

“去把爱找回来。”我问司奇，“和妈妈的关系怎么样？”

司奇说他已经五六年没有见过妈妈了。

我用排列的小物件让司奇分别把他的心和妈妈排列出来，司奇无意识地把自己的心和妈妈摆在一起，而另一个自己隔的很远。

透过小物件排列，我知道从妈妈离开时，司奇的心也跟着妈妈一起离开了。

我问司奇：“想妈妈吗？”司奇说：“不想，对妈妈没什么感觉。”我知道做到这一步还早，但问他，如果有一个人是他最想对话的，他希望的那个人是谁。

司奇想了想，问：“能和自己的未来对话吗？”

“当然。”

我带着司奇去连接五年后的他，让司奇去问问那个未来的自己一个问题，司奇想了想：“看到我今天这个样子，会不会觉得我很丢脸？”

接下来我让司奇再问一个他当下想知道的问题。司奇问了，并且似乎拿到了很满意的答案，做完了跟自己未来的连接，司奇似乎很兴奋，他说："老师，我可以摆一个沙盘吗?"

当然可以。我同样期待。

司奇的沙盘很快摆好，有湖泊、树木、轮船，从沙盘上看司奇的生命力是向上并充满希望的，在去向未来道路上司奇加了一个很宽的桥梁。在这个沙盘里，我对桥梁的解读是更好的沟通。

做完沙盘，司奇告诉我他最喜欢河流里的那条船，是要扬帆启航的时候了，司奇一脸兴奋。

我不知道那个"五年以后的司奇"对司奇说了些什么，但很明显感觉到他内在的力量被启动了，这也许是一个封闭已久的孩子最好的消息了吧，接下来的日子，将是我陪伴司奇的新的开始。

与未来自己对话练习

一、当事人闭上眼睛，放松呼吸，去想象并感觉自己面前站着那个五年后的自己，如果可以，请当事人描述未来五年后自己样子，用一些词语来形容。

二、对五年后的自己提出一个问题，如果当事人属于比较压抑不擅长表达的，也可以提多个问题。

三、然后当事人依旧闭着眼睛，支持者扶着当事人一步步走向未来的自己，站到对面那个位置时，转身站好。（在转身的时候支持者可以暗示：现在，你是那个五年后的自己）

四、支持者引导当事人：你现在是五年后的XX，那么刚才站在你面前的小XX的问题你听到了吗？如果有一些话是想说给他的，你最想告诉他什么。

五、待未来的自己把话说完之后，支持者可以引导注入一些祝福的话语：以后小XX也许会遇到困难，也许会有不开心，如果有一句话是你最想送给他的鼓励，你最想说什么。引导被支持者讲出来。

六、带着当事人走回原来的位置，站定转身，转身时支持者提醒，现在你就是XX，刚才未来的你说了一些话，你有记住吗？非常好，让我们把这句话深深记在心里，慢慢睁开眼睛。

咨询手记

有太多的孩子有类似的经历，在学校或者生活中受了委屈，没有及时表达出来，情绪就会压抑在心底，做父母的如果没有及时发现，这种情绪就会越压力越深，最后形成对自己或者他人的攻击。很多成年人在青春期的时候都会有些创伤，如果在能够及时把内心的情绪表达出来的孩子都是幸运的，因为在表达情绪和感受的同时，也代表这个事件的完结。而如果不表达，始终压抑的后果就是这个事件变成死亡层潜在的杀手，每当孩子被触动到这个“开关”，他就会向内攻击。

那么做为父母如何及时了解孩子的内心状况，并且成为孩子受委屈之后想要的支持者呢？这首先是我们有良好的亲子关系，让孩子愿意依赖我们，并且内心笃定我们可以帮到他们，孩子才会愿意求助。

后来司奇也有跟我聊过，他回家没有把这个事情告诉爸爸妈妈的原因，是那段时间爸爸妈妈一直在吵架，而且已经到了离婚的边缘，所以司奇不敢讲，他不敢去给家里“添乱”。

对一个孩子而言，爸爸妈妈就是他的全世界，当孩子意识到父母关系不好要分离时，孩子就会用他的方式来拯救这个家庭。比如有的孩子就会发奋图强，他们认为自己学习好了，爸爸妈妈心情好就不会吵架了。还有的孩子会在外面打架、惹事，用我关注的一个孩子的话说：每次我惹祸的时候都是我爸妈最团结的时候，他们一致对付我的时候，就不吵架了。于是这个孩子就不断的惹祸，逃学、早恋，甚至堕胎。还有一种孩子就像司奇这样，当意识到爸爸妈要分开，而他又想保住这个家的时候怎么办？孩子就会离开学校，他以为：我守着这个家，这个家就不会散了。

所以我想邀请家长们做个测试，在你们的亲密关系很好的时候，孩子的状态如何？在你们关系恶劣的时候，孩子的状态又如何？

是伤疤，也是成长的印记

夏利，16岁男孩，高一学生。父母离异，从小跟爷爷奶奶长大，平时沉默寡言，很少和同学交往，学习成绩中下等，没有什么兴趣爱好。前几天夏利在学校突然用刀在自己的手臂上疯狂乱砍，导致同学老师受到惊吓，老师建议家长带他去看心理医生，并告诉家长：夏利平时在学校比较自我封闭，很难沟通，如果情绪难以控制，建议他休学半年。

夏利由爸爸和姑姑带来咨询。和夏利面谈之前，我从夏利爸爸和姑姑那里拿到一些资料。夏利三岁的时候因为爸爸对妈妈家暴，父母离婚，妈妈离开后很少回来看夏利。初中时，夏利还算努力，成绩最好时考进入学校前20名。可惜，夏利进入高中后突然像换了个人，成绩直线下落。夏利的爸爸是个性格非常内向不善表达的人。他和夏利基本上没有任何交流，和妻子离婚后，夏利由爷爷奶奶全盘照顾，父子间互动的机会很少，如果不是这次夏利在学校里拿刀砍自己，他爸爸都没去过孩子学校。

见到夏利，他果然话很少，简单的自我介绍后满头都是汗水，我问他："不舒服吗？怎么出了这么多汗？"夏利回答他有点紧张，身体发虚，他强调自己一直都爱出汗，冬天也是。

我和夏利的交流并不顺畅，基本上我问一句答一句，很快我们陷入了尴尬。后来我邀请夏利一起做个沙盘，夏利同意了，我简单告诉他做沙盘的步骤，他安静地坐在那里，设计他的沙盘。

在夏利完成的沙盘右后方，有一处四周围得密不透风的栅栏，栅栏中间是一个塔状的建筑，我猜测，这也许是他想保护的空间。我问夏利："这个建筑里会住人吗？"他说："有人，我！"

夏利的沙盘正中间有一条河流，河流旁边坐着两个谈恋爱的小人儿。我看到夏利望着那两个小人出神。我决定从这里入手，就问夏利："你有喜欢的女孩子吗？"他犹豫了一下，说："有。"

"她喜欢你吗？"我再问。

夏利没有说话，看了看手臂上那两条血肉模糊的刀痕。

"手臂要不要包扎一下？"我从夏利进门时，就看到他手臂上还泛着血印的刀痕，是时候聊他的伤了。我慢慢把手伸向他，可以看看你的伤口吗？

夏利没有拒绝，把手伸过来，我轻轻托起他的手臂，我们终于可以更进一步地连接了。

“发生了什么？”

“没什么。”

“关于一个女孩子的故事？”

夏利愣了，迟疑了一下，开始讲他的故事。

女孩是夏利的初中同学。夏利喜欢她，以男闺蜜的身份默默陪伴女孩两年。前几天空气降温，夏利像往常一样去女生宿舍找女孩，从宿舍到教室这条路，夏利陪着女孩走过很多次。

这次夏利去找女孩，女孩让夏利先走，她等朋友。上课时，夏利看到女孩和另一个男同学有说有笑走进教室。

放学了，天空下起了雨，夏利跑去商店买了把伞，再跑回去接女孩，女孩子说：“我等 ××，他也去买伞了。”

夏利心里难受，临走时说了句：“我明早接你。”女孩直接拒绝：“你别来，我有男朋友了。”

夏利强颜欢笑地说了声再见，回到宿舍。他很难受，心里堵，感觉自己整个人都要爆掉了，这种难受的感觉就像无数根针扎在他心口，痛得他喘不过气来，一抬头看到同学桌子上切水果的刀子，夏利想都没想，拿起刀砍向自己的手臂。

我拿出一张纸巾，轻轻沾去夏利手臂上的脏东西。

“夏利，那个女孩可以喜欢上别人吗？”

“不可以。”夏利摇头。

“她，真的不可以喜欢上别人吗？就像你，我可以让你不要难过吗？”我放慢语气，又问。

“不知道。”

“我们连明天会发生什么都不知道，又怎么可能让一个人永远忠诚于一个自己不爱的人呢？”

夏利不说话了。

“如果你发自内心的喜欢一个女孩，是希望看到她开心快乐，还是把她锁得死死的，哪儿都不许去？”

“我没有想过锁着她，我希望她开心快乐。”

“所以哦，老师看到一个画面，一个小男孩坐在地上耍赖，你不许跟别人玩，你是我的，你是我的。”

夏利扑哧一下笑了：“嗯，老师，好像是这样的。”

我用“空椅子”邀请夏利和那个女孩子做了一次深入对话，他开始对女孩的离开感到理解和释然。做完这些后，我和夏利聊起了他的妈妈。

“夏利，妈妈离开多久了？”

“很久了。”

“提起妈妈离开这件事，你有什么感觉。”

“我……我很难受。”

“夏利，你去想想，当那个女孩子喜欢上别人的时候，你产生的情绪是不接受她喜欢上别人，还是这个事件勾起了妈妈离开时候你的那种感觉。”

夏利眼泪唰地一下流了出来：“是妈妈离开那种感觉，我不喜欢这种感觉，不喜欢别人离开我。”

我走过去揽住夏利的肩：“想哭就哭出来吧孩子。”

夏利抽泣着，眼泪无声地流着。

我让夏利闭上眼睛去想象妈妈就在眼前，如果有一句是最想跟妈妈说的话，他会说什么，夏利说：“我想让妈妈回来。”

“那你就说出来，妈妈我想让你回来。”

夏利突然间蹲在地上，像个幼儿一样嘤嘤地哭泣。

过了一会儿，夏利哭的差不多了。我让夏利把对妈妈表达的思念统统都表达出来，并让夏利走过去站到妈妈的位置，去感受妈妈的感受，夏利说他能感受妈妈很爱他，妈妈的难过，还有妈妈的无能为力，妈妈只能尽自己所能地对他好。

我问夏利：“你爱妈妈吗？”

夏利说：“很爱。”

“我相信你的妈妈也很爱你，可是妈妈和爸爸是两个成年人的相处，他们相处不好，就选择了分开。如果妈妈回来不快乐，不幸福，或许是痛苦的，你还愿意妈妈回来吗？”

“我希望妈妈快乐。”夏利低声说。

“没有一个妈妈愿意离开自己的孩子，即使是成年人，也在做无奈的选择，夏利你愿意祝福妈妈吗？”

夏利点点头。

接着我又加上一句：“那个女孩也许曾经喜欢过你，但那是过去，后来她有了新的选择，是当下她认为更好的选择。就像你以后会上大学，会工作，也会喜欢上别人，你允许自己喜欢上别人吗？”夏利点头。

做完了跟母亲的链接，夏利对失恋的事件也有了不同的认识，我问夏利除了失恋，找妈妈的情绪外，还有别的事情让他不开心吗？夏利说有，以前在初中的时候他的成绩还行，现在这里是重点高中，班里很多学习好的孩子竞争非常大，他很担心自己跟不上，学习成绩会掉下来，每天都有无尽的恐惧。

我问夏利：“读初中的时候你恐惧吗？”他说不恐惧，他很快乐。

“那么你见过恐惧吗？”我又问。

“没见过。”

“那你想想，我们最大的恐惧就是对未知的恐惧，你现在把力量都耗在还没有发生过的猜想上，当然只会越想越恐惧啊。”

我问夏利，如果情绪不好，压力特别大的时候，他有没有自己疏通情绪的通道，比如打球、画画、听音乐、跑步。夏利想了想说：“我会去唱歌，一个人去。”

“不找朋友？”

“我没有朋友，不喜欢他们”，夏利说。

我问夏利：“你喜欢爸爸的沟通方式吗？”夏利说：“不喜欢，讨厌爸爸，他根本就不沟通，还老是打人。”

“夏利你想过吗？你跟爸爸有些地方很像。”

“爸爸的不沟通在于暴力解决，你的不沟通也是在把这份暴力用在了自己身上啊，你想想，如果在拿刀之前，你有个朋友，说说心里话，告诉朋友你的委屈，你的愤怒，说不定你的情绪就在倾诉中消去了多半。”

夏利想了想：“是，我是没朋友。”

接下来我带着夏利回到他的恐惧，我说：“不光你是恐惧的，老师校长同学都是恐惧的，当人们面对未知的恐惧时，会就引发最坏的猜测。”

我问夏利：“如果你是班级的老师，你怎么看这件事？”

夏利说：“老师并不知道发生了什么，可能会猜测夏利是不是精神上有问题，是不是有暴力倾向，他还会担心夏利会不会做更出格的事。”

“非常好，如果你是夏利的同学，你怎么看这件事？”

夏利说：“可能我的同学会回到家里，和父母说我们学校今天有个孩子用刀砍自己了。然后他们的父母就会充满担心。”

“如果你是学校的校长，又会怎么看这件事？”

“我觉得保护好孩子们的安全是学校的责任，如果我是校长，学校有个孩子拿刀砍自己，我就担心他会不会砍别人？”

“天呀，老师，我真没想到会惹出这么大的事。”夏利彻底被自己吓到了。

“所以现在那个更成熟，更智慧，那个愿意负责任的夏利看到现在的情况，他会怎么做？”

夏利说：“我想跟那个女孩子道歉，也想跟老师解释一下，还有向帮助我的同学表达感谢。”

“好样的夏利，男人的力量不是用来攻击，而是用来担当和负责任的。”

在夏利快要离开的时候，我指着夏利手臂上那几条伤疤，对他说：“老师不知道未来这道伤疤带给你的意义是什么，是让你以后有了情绪还会继续伤害自己，还是做为一个成长的印记，提醒你，陪伴你，要像个男人一样去更智慧地解决生活中的情绪和问题。”

夏利重重地点头：“老师你放心吧，我会让伤疤变成成长的印记。”

那天，夏利的爸爸截了一张图给我，是夏利在朋友圈里写下的文字：

我知道我只是你帮助过的众多孩子之一

但老师注定成为我生命中的“唯一”

我会让伤疤铭记成长，不再做那个在地上哭的孩子

做个坚强的人，不再怕黑了

老师帮我打开了窗

让我明白世上还有光

而我愿意化成一道光，把最真挚的感谢，送给老师。

家人皆好，我们聊了很多，山河犹在，国泰民安，

心静如水，海清河晏，希望多少年后，再见到老师时，我已经成为一个有担当的男人，像一个太阳，将自己与世界照亮。

在这个咨询中，还有一个故事中的故事。夏利在读初中时，遇到了一个非常温暖有爱的班主任，这位班主任经常会找夏利聊天，并告诉夏利，在老师眼中，他是一个勤奋努力，品学兼优的好孩子。

也就是从这位老师的身上，夏利感受到久违的妈妈的温暖，为了这份相信，他愿意拼搏和努力。而考上高中后，原来的班主任不见了，夏利需要适应全新的高中生活，他又把对投射到老师身上的情结，转移到故事中的女孩身上。他愿意为了女孩子把自己变得更好，所以当女孩子喜欢上别人，夏利心中那份情绪再无归宿时，他变得绝望。

在这次咨询过程中，我给现在的小夏利和未来的他自己做了一份投射，让未来的夏利告诉他，他今天所有的努力，都

是为了遇见明天更好的自己。夏利也能跳出这件事情，用更成熟的身份和更大角度看见整个事件对周围人的影响，于是，他愿意承担责任，回去向老师陈述事情的经历，并期待老师的理解。

夏利是个很聪明的孩子，他知道自己现实生活中无法满足的被爱和被陪伴的需要，会让他充满孤独和无助，所以在心灵空间里，他一直在给自己寻找完美的，温暖的投射对象，好让他能有一个理由向前奔跑。回学校以后的夏利，接受了我的建议，在学校找到了一个和他学习成绩差不多的好朋友，并且不但在这份友谊中得到陪伴和温暖，两人也共同设立了考上同一所大学的目标，为友谊而战！

空椅子练习：

需要准备两把椅子和两个抱枕。

一、椅子面对面的摆放，你坐在其中的一把椅子上，把一个抱枕放在自己的椅子下方代表自己，另一个抱枕放在椅子对面，去想象对面是你想要对话的那个人。

二、坐在你的椅子上，放松你的身体，闭上眼睛，可以做几个深呼吸。去想象那个人就坐在你对面，去留意他的表情状态，去感觉、看到他。

三、让自己回到你们曾经发生冲突的那个场景当中去。去充分地体验内在愤怒，委屈等负面情绪。

四、完整地表达你的感受。可以流泪、抱怨、指责。然后用拳头击打那只代表对方的枕头，可以一边打一边表达心里的委屈。

五、直至感觉内在情绪全部释放以后，让自己做两个深呼吸。再把代表你的椅子下放到那个抱枕，把他抱起来。对着这个抱枕取表达内心的感受，比如孤独、脆弱，或者是对爱的呼唤。

六、拥抱着自己这个抱枕，就好像拥抱着小时候的自己。给他按慰和理解。

七、把对面椅子上的抱枕也拿过来，和自己的抱枕拥抱在一起，去想象如果有一句话是送给对方的祝福，会和他说什么。

打架就是坏孩子？

小文，14岁男孩，初中二年级学生。据他父母介绍，小文读小学时是个活泼开朗，甚至有些顽皮捣蛋的孩子。进入初中以后，突然性格大变，变得不爱说话，人也没有自信，跟班级里的同学更是不怎么来往，每天从学校回来就宅在家里，基本上很少外出，更没什么朋友。小文的父母对儿子的改变很是摸不着头脑，他们感觉是青春期的问题，孩子是不是以另外一种方式长大了。

我对小文的印象就是妈妈口中那个循规蹈矩，懂事乖巧的孩子，说什么话，做什么事特别习惯看别人的脸色，比如他想去喝水，就会问我，老师我可以去喝水吗？我点点头，他不确认地又跑到我面前再问，老师我去喝水可以吗？直到我大声说可以，并挥手示意，他才离开。

和小文相处，他也有顽皮的一面。偶尔我帮同学拍照，他会跟着我的镜头，一个又一个场景在镜头里做鬼脸，而当我真正抓拍他时，他又会突然间尴尬，窘困到手足无措。当我要请他帮助做些事情时，他又会措手不及地跑开。这个顽皮又拘谨的孩子，让我产生了极大的好奇，和他聊天，我最喜欢问：“你以前是怎样的？”

小文说：“我读小学时很皮，玩起来很疯，后来就变了。”

“什么时候开始变的？”我试图寻找小文改变的时间点。

小文说：“初一那年我跟同学打架了，很严重。”

“怎么个严重法？”

小文说刚上初一那年，因为打扫卫生的事情，他跟班里一个男同学有了争执，那个男同学喜欢骂人，脏话说了很多，最后连小文的父母一起骂。

小文受不了了，要这个同学道歉，同学不肯，两人便动起手来，厮打中，小文被推倒在地，男同学拿起一把椅子向小文砸来。小文怒了，反夺过椅子向男同学砸去，椅子未砸到男同学，却砸碎了班级的玻璃，掉到楼下。

这件事轰动了全校，老师不但找了小文父母，还要求小文在全校师生面前做自我检讨。

“老师批评了我，也批评了我爸妈。我爸爸很生气，回到家就把我吊起来打了，我妈就一直哭，她说打人就是坏孩子。”

我让小文闭上眼睛，去回到那个在学校受了批评，跟着爸爸妈妈回到家里的小文，我注意到他回忆当时的场景时，整个身体缩得很紧。

“在当时那个画面里，小文的表情是什么样的？”

“他很害怕，也很委屈，明明就是同学先骂我的，为什么爸爸要打我。”小文说这话时，有很明显的委屈。

“那就试着让那个委屈小文告诉爸爸，爸爸，你别打我，我很委屈。”

小文试着说出这些话时，眼泪吧嗒吧嗒往下掉：“爸爸，这事本来就不怪我，明明就是他不对，你们所有人都批评我，还打我。”

我让小文试着把那个事件中的情绪发泄出来，小文表达完情绪后，身体明显轻松了不少。

“现在的小文怎么看这件事？”

“打架不是好孩子。”小文低下头。我在瞬间有个感觉，这件事不仅对小文的自信有影响，而且卡住了他的自由、活泼的能量。一句打架不是好孩子，就已经把他定格在“我犯过很严重错误”的自责中。正是基于这份自责，小文就开始自我设限，在种种事物面前都会表现出“我不行”“我害怕再犯错”的恐惧。

我坐在小文面前，抚摸他的肩膀：“小文你知道吗？刚才听到你和同学打架那个细节的时候，我觉得你好厉害，你长大了，你开始像个男人一样去解决问题了。

“真的吗？”小文不可思议地看着我，嘴巴张了张又合上。

“当然，你不觉得你自己很酷吗？不是每个孩子在保护他的家人不受伤害时，都有勇气去跟别人打架的，至少我上初中的时候都不敢和别人说不，你有没有觉得自己很酷？”

小文笑得开心了，他挺直腰板，好像喜欢听我讲话的样子。

我继续说：“而且，我听你说到你同学把椅子向你砸来的时候你都没有害怕，反而把椅子夺过去，这需要多大的勇气啊，那时候的你是完全无惧的，是有力量的，你不为14岁的你骄傲吗？

小文原有的故事，经过我的重构，变成了一个少年英雄的故事，他听得欢欣雀跃，并配合道：“是的老师，我一点都没害怕，不管他做什么我都不会害怕的。”

“所以，我们给14岁的你一个大大的嘉许好不好？”我摸着小文的头，我能感觉到此刻的他，身体里充满了喜悦的能量。

接着我继续说：“小文我们再想象一下哈，如果当时你的那把椅子，砸破了同学的头，或者把同学的眼睛砸瞎了，你们现在都会怎样？”

“呃，可能会都上不了学了，还有可能坐牢。”小文静下来。

“所以呢？用武力解决并不一定是最好的方法，一个成熟的男人他一定会先考虑后果，想出更智慧的方法去解决问题，对吗？”

“对，老师，我们俩现在都一直没说话了。”

“是，如果当时不是动手打架，而是寻找一个更好的方法，你说结果会不会不一样？”

“肯定不一样。”

“那以后再遇到这种情况，你还会打架吗？”

“我不会去打架了，我会跟他好好说。”小文说的很认真。

“接下来我们做个约定好不好？”我提出一个建设性的提议，就是把他这份勇敢用在活动中和回答问题上，我特别想看到他高高举手回答问题的样子，小文毫不犹豫地同意了。

接下来的时间里，小文开始尝试着把手举高，当他手里拿着麦，大声回答问题时，我看到了不一样的小文。每当和小文的目光有对视的时候，我能看到他眼中的喜悦。

后面的时间，小文没有频频举手，而是拉起身边同学的手，很热情地鼓励他们：“举高点”。

第二天，我们小组有个活动，每个孩子要画一幅思维导图，中午时分，其他同学都下课去吃饭了，只有小文一个人静静地待在教室里完成他的作业。我悄悄拍下这张照片，拿给小文看：“哇哦？看你认真的样子，真的好帅！”

小文他看着照片，笑得合不拢嘴。他很神秘地问我：“老师，你知道我的理想是什么吗？”

“是什么？”

“我想去当兵，当一个特种兵，为我们的国家除暴安良。”

“太好了，一定寄张照片给我！”

咨询手记：

青春期的孩子正值人生观、价值观的建立期。我们成年人的话，对孩子可能会有深远的影响。回到小文打架的事件中，让他自责的并不是和同学打架的，而是爸爸把他吊起来打和妈妈的哭泣。在那一刻，父母亲的处理方式告诉小文：你犯了一个非常严重的错误，不可原谅。

也就从那时候开始，小文为了“赎罪”，做一个不再让父母操心的孩子，把自己变得懂事、听话，凡事要得到父母认可后才能去做。这样的模式表面上是小文下决心要做个“好孩子”，更深层的是，小文在收起一个孩子天性的同时，也压抑了他的创造力和对事物探索的能力，“不能出错”就成了他给自己念的紧箍咒。只要在生活中遇到一点点让小文感觉到不安全的信号，他的紧箍咒就会自动启动，否定他想做的大部分事情。

在帮助小文针对这件事情做了梳理后，小文也重新拿到那件事情中的最大资源，他是勇敢、负责任和有力量的。

反问练习：

1. 那是真的吗？
2. 你敢肯定那是真的吗？
3. 当你持有那个想法时，你会如何反应呢？
4. 没有那个想法时，你会是怎样的人呢？
5. 在整个事件中你值得嘉许的地方在哪里？
6. 透过这件事你拿到最大的资源是什么？

自卑的妈妈，你抽走了孩子最后一根救命稻草

昊天，17 岁男孩，高三学生。高中初级学习成绩在中下等，一次偶然的机会参加某夏令营后，找到人生的目标，发奋学习，成绩由中下等一跃进入班级前十名，在全校排名中更是前进 200 名。只是在最近一次班会中，因为报考志愿被同学嘲笑，觉得没面子，就再也不上学了。昊天的妈妈很着急，经人介绍，她来到我的课堂。

昊天妈妈一开口，我就能感觉到她扑面而来的焦虑。她的孩子几个月前从学校退学了，现在拒绝和人沟通，经常把自己锁在房间里，几天不出门。

我问昊天妈妈："平时和爱人关系怎样？"根据过往的经验，孩子辍学的原因常常和父母之间关系不好有关。听昊天妈妈的描述，他们夫妻间的感情挺好的，现场排列呈现确实很好，可孩子辍学具体问题又出现在哪里呢？

在交谈中，昊天妈妈提到，孩子辍学跟同学嘲笑他的梦想有关。

“同学为什么嘲笑他的梦想？”

“他的梦想定得有点高。”昊天妈妈说到这里，突然有些不好意思。

她说以前孩子在学习上没什么动力，去年突然迷上了网络编程，并且开始对学习有了兴趣，刚好参加一期夏令营后受到了鼓励，去年期末考试，成绩由班级中下等，一下子冲进前十。

昊天经过自身的努力，取得了这样好的成绩，让他相信自己的同时，也为自己定下更大的目标。在那次班会上昊天在全班同学面前宣布了他的梦想，谁知班里有很多同学竟然开始嘲笑昊天，认为他根本不可能实现梦想。

昊天妈妈的讲述让我有些好奇，关于孩子发奋读书的故事，妈妈说了很多，唯独在说到昊天的梦想的时候，妈妈有意识地绕过去。一直在说，那个梦想，那个梦想。

是什么梦想那么难实现？我心里猜测，总统？世界首富？即便再宏大的梦想也说明这个孩子有力量，有勇气，他敢去想啊，为什么要嘲笑他呢？

“孩子的梦想是什么？”我抓住这个话题。

“反正就是定得挺高，不太可能实现。”昊天妈妈语焉不详，更激发了全场学员的好奇心。

“你对孩子的梦想这个态度？孩子如果看到你这个态度，他的梦想还能实现吗？”教室里有学员受不了，开始小声嘀咕。

“哎呀，他的梦想就是想考上清华大学！”昊天妈妈话音刚落，全场一片哗然。有人说：“多好啊，谁不希望自己的孩子会有这么美好的梦想？”很多人实在不懂昊天妈妈的无奈是从何而来。

我走过去，问昊天妈妈：“你相信昊天能考上清华大学吗？”

她小声地回答：“我不太相信。”

“那么昊天在学校里被同学嘲笑了以后，回到家里，你们又是怎么交流的？”

我预感到这是问题的关键。

“孩子和我说同学都嘲笑他考不上清华，他不想再去上学了。我跟他说，你可以把目标定小一点，别定那么大。”

“别再四处找原因了，孩子辍学的原因在你这。”

昊天妈妈还不死心：“那现在昊天也不理我，不和我沟通怎么办。”

“昊天敢想清华大学，您敢想吗？”我问。

“我不敢想，”昊天妈妈说。

“你懂他吗？全世界任何人嘲笑他的梦想都没关系，问题是你作为妈妈，能不能告诉他，孩子，就算全世界与你为敌，我依旧选择和你站在一起？”

昊天妈妈愣住了，眼泪夺眶而出，那一刻她才真正明白：同学、老师，再多人的看法怎样都没有关系，在孩子心中，爸爸妈妈的回答就是这世界上唯一的真理。可是，在通往梦想的道路上，内心自卑的妈妈呀，你抽走了孩子最后一根救命稻草！

事情既然已经发生，昊天妈妈也意识到自己的问题，她问我："该怎么办？"

我说："你需要给孩子一次认真道歉，妈妈不是不相信你能考上清华，是妈妈自己不敢想清华。你也不要再跟孩子多说教，而是找一项自己喜欢的事情，认真地坚持下去。"

昊天妈妈似乎明白了什么，回去以后，她开始认真做手工，她年轻时一直很喜欢做手工，因为工作太忙始终没有机会。她买了很多物料，每天的生活都很有规律。

昊天看见妈妈的变化，一开始有些不习惯。一个月后，昊天问妈妈，你怎么每天都在做手工，昊天妈妈回答，我想为我自己真正做点事。没多久，昊天自己拿起书包回学校了。

咨询手记：

很多年前，在美国，6 岁的小阿姆斯特朗曾认真地说："妈妈，我要到月球上去！"他的母亲笑着说："好啊，只是你别忘了从月球上回来，回家吃晚饭。"这句温柔的鼓励始终铭刻在小男孩的心中。

30多年后，阿姆斯特朗成为了第一个踏上月球的宇航员，当他从月球返回地球时，记者问：“此时此刻你最想说的话是什么？”阿姆斯特朗答：“我想对妈妈说‘我会准时回家吃晚饭’”。

试想一下，如果30多年前，阿姆斯特朗说到他想到月球上去，妈妈回一句：“你咋不去太阳上呢？别做梦了你。”多年后的阿姆斯特朗又会怎样？

父母给予孩子最温暖的话语莫过于：孩子，如果转身可以支持到你，我宁愿背对这个世界。孩子在乎的不是对错与成败，他只在乎当他坚持自己的目标时，身边有没有人愿意陪伴他，相信他，支持他，而这份相信，就是他在日后的迷茫、困顿、退却中战胜恐惧、坚持到底的最大勇气。

关于这个案例，后面我和昊天妈妈又聊了很多，了解到她小时候家里孩子多，生活很窘困，她穿的用的都是姐姐们穿剩下的，家里很节俭，她没有资格跟父母要她喜欢的东西。所以当孩子说到要考清华大学的时候，这位妈妈不是为孩子想去更高的学府深造自己喜欢的专业感到高兴，而是觉得，这么好的名校，我们有资格去吗？

后来昊天妈妈开始给自己做深度的“资格感练习”，比如去买一件她很喜欢同时又很贵的衣服，对不愿意的事说不，工作上敢于对自己定更高的目标，提出更高的挑战。在妈妈慢慢疗愈自己的同时，昊天也从她身上看到敢拼、敢闯、敢拒绝、敢要的生活状态了。

资格感练习：

一、先找到你让你觉得无力的事件和感受，具体到词语。比如我有资格成功、我有资格失败、我有资格花钱、我有资格幸福、我有资格自卑、我有资格快乐、我有资格悲伤，等等。

二、找到这些词语之后，选择一个比较安排的空间，深深吸气，缓缓吐气，让自己整个人放松下来。

三、假如你想拿到的资格感是“休息”，你可以试着大声的，一次又一次地喊出下面的这些话。

我有资格休息

我有能力休息

我的爸爸允许我休息

我的妈妈允许我休息

这个练习适合多次做，千万不要小看这几句话，你试着大声地，发自内心喊出这些话，当你每一句话都是由心而发，说到一定次数的时候，会有情绪跑出来。如果有眼泪，就让他流出来。当你说得越来越大声、坚定，你的内心也会开始慢慢被疗愈。

妈妈把手用来拥抱，孩子就不会去打架了

淘淘，10 岁男孩，四年级小学生。

淘淘妈眼神无力，说话时目光躲闪，总会不自觉低头，目光背后透着一种让我无法靠近的拒绝，反倒是她身边的小淘淘，眼睛睁着大大直视着我。

淘淘妈说，淘淘小时候特别软弱，在学校里总被同学欺负，三天两头哭着鼻子回家，孩子委屈，她也难受。她以前也说过淘淘："人家打你你不会打回去吗？"淘淘说："我不敢。"

最近淘淘到了四年级，不知道发生什么，性情突然大变，在学校里经常打架，而且下手特别重。上个星期，淘淘竟然当着全班同学的面连扇一个女同学四五个嘴巴。

淘淘妈说："我被叫去学校，有那么多家长围着我，说我儿子破坏了这个班级，影响到其他同学，他们说我的时候，我都恨不得找个地缝钻进去。"

淘淘妈希望我跟淘淘聊聊，让孩子以后别总打架了，她很担心孩子这样下去，她管不了。

“行！不过我想先和你聊聊，”我说。

我和淘淘妈妈坐在一起，她纠结着，不知从何说起，我拉住她的手，她的眼泪一下子就掉下来，像个委屈的孩子。

淘淘妈说，她离婚四年了，自己带孩子很不容易。淘淘爸是个不负责任的男人，很少过来看淘淘，平日里淘淘都是她一个人带着，遇到忙不过来的情况，就把孩子托付给姥姥姥爷。

说到自己的原生家庭，淘淘妈说，自己的父亲是个脾气极其暴躁的人，稍不顺心就打骂家人。作为家中唯一的女儿，她没少挨打，尤其是婚姻失败后，每次提起离婚这事，爸爸都会骂她傻，骂她笨，有时骂的火起，还会当着淘淘面打她。

我心里多了些猜测，问淘淘妈：“如果给自己划一条时间线，在孩子一到三年级的时候，你的情绪是怎样的，怎么和孩子互动的？”

“那时候刚离婚，我很自卑，也很少说话，有什么事情都在心里忍着。我觉得婚姻是我自己选的，变成这样子这我自己活该。”

“那时候你的情绪是怎样的？”

“很委屈，很压抑，自卑，觉得自己很失败，把一切都搞砸了。”

“那时候的淘淘是怎么样的？”

“他很胆小，也很自卑，在学校里不怎么和同学说话，经常自己玩儿。”

“近两年呢？您情绪上又有什么变化吗？”

“近两年我情绪很差，淘淘也不争气，我打骂他的时候确实会多些，有时候气极了，就会打他。”

“好，我们停下来，看看这条时间线，当你压抑委屈的时候，孩子就透过被别人欺负，受伤，来呈现你的委屈。这两年当你压抑的情绪爆发的时候，孩子又会呈现出你的暴躁、愤怒甚至攻击。”

“啊？我没想过这些。”淘淘妈一下子愣住了。

“小时候爸爸打你，你不能还手，但是你有愤怒和委屈。长大后，一旦碰到类似情境，就会触动你的创伤点，所以你在特别愤怒的时候也会打淘淘。”

“是的，尤其是这两年，我打孩子挺狠的，有时候甚至还在我父母面前我打孩子。”

“在父母面前，你是在打孩子还是透过孩子表达对他们的愤怒？”我问。

淘淘妈沉默了。

我接下去：“10岁以下孩子呈现的状态就是你每个时期内心情绪的映照，从孩子呈现出来的症状看，你已经快要撑不住了，你压抑的快要爆了。”

淘淘妈终于“哇”地哭出声来：“老师你说的对，我真的快撑不下去了。”

我让她坐下来，把心里的委屈都哭出来，淘淘妈一发不可收拾，哭得泪流满面。

过了很久，她抽泣的声音小了。

我继续说：“淘淘和小时候的你一样，你打他，他没有办法去打回去，因为你是他妈妈。可是连我们大人都控制不了的情绪，发泄给那么小的淘淘，你让他把情绪往哪儿放？还有我们需要看到，淘淘在学校里打的是女同学，不是男同学，这意味着什么？我猜测，会不会是对妈妈有没有表达的愤怒。”

淘淘妈不再说话，陷入长久的沉思。

后来，我和淘淘一起做了沙盘，在沙盘中淘淘呈现出很多压抑的情绪，他用光了沙具架上所有的栅栏，把一只老虎围得里三层外三层，我问他：“在担心什么？”他：“说担心老虎跑出来咬人。”我又问：“如果这个老虎代表你身边的一个人，会是谁。”淘淘回答：“妈妈”。

我带着淘淘回到小时候妈妈动手打他的事件中。他很懂事的说，他不恨妈妈，同时又觉得妈妈很可怜。我问淘淘：“如果有一个阿拉丁神灯出现在面前，淘淘可以许个愿，淘淘最想要什么？”

淘淘低下头："我想要妈妈多抱抱我。"

我让淘淘妈每周来咨询，重点是淘淘妈跟自己父母原生家庭的和解。淘淘妈会有那么多的情绪，以致控制不住自己要打淘淘，其中更深沉层动力来源于对自己的否定和对父母的不满。只有从源头入手，才能解决她和孩子的亲子问题。

在淘淘妈来咨询三次后，她的情绪有了很大的转变。再次见到淘淘时，他的眼中不再有惊恐，笑容中透着一个孩子的天真。

咨询手记：

身为成年人，在日常交往时，我们都很懂得分寸，知道对老板，对同事，对合作伙伴发脾气是要付出代价的，所以我们不会对他们发脾气，但我们对父母，对孩子就没那么客气了。为什么我们能对他们发脾气？因为我们笃定：无论怎么发脾气，他们都不会离开我。

"原生家庭"这个词相信大家都不陌生，我想跟那些爱发脾气，爱动手打人的家长说，为什么我们总是控制不住自己，要发脾气，要打人？很可能因为很小的时候，我们的父母也是这样对待我们的。

就像幼儿园里的孩子们抢玩具，动手打人的孩子一般是内心焦虑，又不会表达的孩子。他们没有办法告诉别的小朋友：我不喜欢你这样对我，你抢了我的东西我很难过，等等。而是将表达不出来的情感转化为身体上的拒绝，推开对方，就是他们从身边人那学到的表达“我不要！”的方式。

如果你认真观察，就会发现生活中很多习惯性动手的人，多半在生活中也很少懂得与跟他人沟通。为人父母，你怎么对待孩子，孩子就会用同样的方式去面对这个世界。就像淘淘这个案例，当妈妈开始学会理清自己的情绪，并伸手拥抱淘淘的时候，淘淘内心的愤怒就会在妈妈的怀里被融化。

疗愈童年创伤之魔法棒练习：

一、和孩子聊天，谈论孩子小时候的事。

二、如果孩子聊到小时候被误会或者否定的事件，支持者在这里可引导孩子停下来，让孩子表达在那个事件中孩子的感受。

三、询问孩子希望对方怎么对待他，最希望对方怎么和他相处。

四、去引导孩子想象右手中有一个巨大的魔法棒，轻轻抬起头，魔法棒会穿越时空，把这个画面慢慢变成孩子想要的样子。

五、让孩子记住这个新的美好的画面，问他当下的感受，跟这份感受在一起。

六、引导孩子睁开眼睛回到现在，说他最想跟童年那个自己说的一句话。

为自己的选择负责任

小袁，16 岁男孩，由单亲妈妈带大，正在读高二，曾休学在家半年。妈妈焦虑得要命，带孩子做过两次咨询，其间小袁由最早躲在家里哪都不去到重新回归学校。表面上看小袁似乎完成了从厌学到重新拿起书本的转身，但实际上，用他自己的话说，他虽然人在学校里，依旧有无数次生起想要从学校逃跑的念头。

这一次我把小袁约在咖啡厅，换一种方式和环境去和他探讨关于他和学校的关系。小袁问我："我特别不喜欢现在这个班级，是不是换个班级，换了老师和同学，情况会好些？"

我说："去感觉一下你的感受，你不喜欢的是这个班级里的人，还是待在学校和班级里的感觉？"小袁想了一下说："我不喜欢待在学校里的感觉。"

"那就是了，我们要解决的并不是换班级，而是一起探索什么原因干扰我们不能好好学习。"

我问小袁："那种不喜欢待在学校里的感觉如果用形容词来表达，会是什么？"小袁说："焦虑，尤其是在上课的时候，感觉特别焦虑。"

"这种焦虑一般在什么时候最强烈？"

"在考试的时候。"

"然后呢？感觉特别焦虑的时候你最想做什么。"

"我想跑回家里待着。"小袁说。

"回家待着就不焦虑吗？"

"也不是，回到家里感觉没那么焦虑没那么严重，不过也很难受。"

我让小袁把他难受的感觉再具体化些，描述在学校和在家里的难受相同的部分。

小袁告诉我，这种难受是关于内疚、着急和自责的。

我透过这几个词语分析小袁的心理状态。我问他："内疚：着急和自责和学习有关吗？"

小袁说："是，待在家里，他很内疚自责，觉得自己不去上学对不起妈妈，可是回到校园，不能安心学习他同样觉得对不起身边所有的人。"

"既然这么不喜欢学习，可以直接跟妈妈说，又为什么回到学校呢？"

小袁说："问题就在这里。"以前妈妈特别看重他的学习，他压抑的喘不过气来，因为承受不了这份压力，他在学校跟同学打架，跟老师对骂，最后辍学在家。后来，妈妈学了心理学，有了改变，不再逼他，妈妈说他能不能考上大学都没关系，只要他人生有过高中校园的经历就够了。

妈妈不再给小袁压力，给他更多接纳，反而让小袁想回到学校。可是回到学校他又真学不进去，只想逃离，逃回家后，又想着学校，小袁也不知道自己什么了。

我让小袁闭上眼睛，跟我说一段话：爸爸妈妈，如果我不够努力，你们还爱我吗？爸爸妈妈，如果我成绩不好，我还值得被爱吗？

小袁说，他心里酸酸地想哭。

所以，真相是小袁妈妈接纳了孩子可以不用拿到好成绩，而小袁自己却无法接受他不努力。

我直接曝光小袁的这部分："你能接纳你在学校里不好好学习吗？"

小袁无奈地摇头，说："我不能接纳。"

这就是了，做不到接纳，只有逃跑。我让小袁去感觉："如果现在的人生给你一个自由的选择，没有学习，没有考试，你最想待在哪里。"小袁说："还是学校。"

十几岁的孩子最适合待在学校里，跟同龄的孩子在一起。因为同龄人之间的相处和沟通，是其他人无法给予的。而小袁不能跟同龄人在一起的原因在于学习动力不足上，他越是自责和不能接纳自己没有好好学习，就越是内耗和煎熬。

我让小袁去想象：如果他和妈妈一样，能够接纳自己学习成绩不够好，学习不那么努力，那又会怎样？

小袁说，他会很轻松，因为跟同学在一起确实挺有意思的，除了学习。

是时候帮小袁总结了。我告诉小袁："当你强迫自己在学校里好好学习，认真努力的时候，就是在对自己用力，不允许自己做不好。可是我们越是不允许自己，那么内在被强迫的自己就会产生对抗。"

"是，我就是好烦。"

"只有你轻松下来，接纳自己做不到，接纳自己可以慢一点，允许自己考试成绩没那么理想，你才能跟学习建立新的关系。"

一句话，下次你焦虑自己不努力的时候，就去接纳这份不努力，同时，可以让自己放松下来，比如在校园里画画、跑步、看书，做一些让你喜欢的轻松的事，只要不影响别人。

小袁突然开心起来："是哦，如果真能这样，在学校也挺好的。"

"对，当我们真正允许自己轻松快乐地去享受高中生活的时候，对学习的兴趣也就慢慢建立起来。记住，小袁，优秀的孩子，首先一定是心理健康的。”

小袁似乎一下子明白了他卡住的原因，他看了看表，说：“今天晚上我们有晚自习。”

“那你要回学校吗？”

“我好像没那么讨厌学校了。”

我以为我对小袁的支持可以暂时告一段落，但情况又变了。小袁回到学校，到了晚上六点，就疯狂发信息给我，说自己快要崩溃了，看到同学说话就烦，听到老师讲课更烦，他有无数次想要冲出教室回家的念头。他说：“老师，我快坚持不住了。”

我让小袁试着自己放松，可以不用认真听讲，甚至可以画画，看自己喜欢的书，让自己先安静下来。说完这些话，我突然意识到，我也在试图透过这些“轻松的方式”以达到让小袁坚持留在学校里的目的。但小袁之所以这么难受，恰恰就是妈妈接纳他不上学了，而他自己不接纳；妈妈接纳他考试成绩怎样都可以，而他自己不接纳。我给他这样的建议，和不接纳自己的他有什么区别。

于是我接着又发了一条信息：你今天学习了一整天，表现已经很不错了，如果你实在难受，可以请假回家，大不了明天再去。

两分钟后，小袁的信息发过来：老师，看到你的留言，我突然不那么想回家了。

我知道，在这一刻小袁也开始接纳他自己的做不到。

和小袁和沟通如果就此为止的话，那应该还算是个不错的结局，但事实上小袁的案例确实很特别。

咨询手记：

孩子出现辍学、厌学的情况，很多家长以为焦虑无助的只有自己。事实上，孩子对这件事的焦虑要比做父母的大得多，父母越是抱怨、批评、指责，就越容易引起孩子的对抗和逃离。

有限量地供给小袁零花钱，触发小袁出去工作这个想法是有些冒险，小袁最后能回到学校重新规划他的人生当然很好，但也可能出现另外一种结果，就是小袁在火锅店打工习惯了，再也不想回到学校读书。

面对小袁痛苦迷茫的状态，我也有了更深的思考：一直以来我们都带着一个目标，做了很多工作让小袁好好学习，全力以赴迎接高考，却忽略小袁的感受。把小袁推出去的想法来自我身边一个真实的案例。我有个同学的妹妹读到高二那年突然承受不了高考压力，在跟妈妈吵架之后离家出走。

三个月后，我这位同学在从大连一家餐馆里找回了妹妹。没有人知道她这三个月过得怎么样，只是她被家人接回来以后，回到学校发奋读书，并且在当年考取了“211”重点大校。

有一天我和这位同学的妹妹聊天，我问她为什么改变这么大，她说了两句话：我不想自己刷一辈子的碗：想要改变我的命运就必须好好读书。这样的话家长说了无数次，但只有自己领悟到的才是真理。

我不建议更多家长用这种方式教育孩子，因为像小袁妈妈这样敢于冒险的家长并不多，而且每个孩子的心智模式并不相同，具体情况需要具体对待。关于让孩子自己选择的部分，我更想说的是：我们成年人之所以不敢让孩子自己做选择，是担心万一孩子脱离了我们的预设，万一孩子的选择不在我们能掌控的范围怎么办？只有我们的爱比孩子的成长大一号，才能引导孩子，接纳孩子，否则当孩子出现问题，再四处寻医问药，这种“救火式”养育只会让亲子关系更加紧张，距离越来越远。

附：征得小袁的同意，我把他打工之后的日记分享在这里：上学期，也不知道我算是心血来潮还是经过深思熟虑，我有几个月没有上学。具体的原因呢，我也就不赘述了。其实我自己也想不清，可能人生就是要有这么一次奋不顾身吧。

好了，扯远了，说回我没有上学的这几个月，我做了一件不是很能让别人理解的事情，就是去打工。当然了，我的初衷并不是单纯的不想念书了，想去社会上混生活，我还是想上学的。可是我在学校又待不住，来来回回好多次，我自己都烦了。晚上睡觉前，下了一百个决心：明天一定好好学习，但第二天早上起床就开始逃避：胳臂疼、手疼、屁股疼，各种理由不想上学。逃过一天又一天，其实我心里也不好受，但我在学校里更难受。我想上学是真的，我不想上学也是真的，直到有一天，我信任的老师一本正经地和我说：你可以回到学校好好读书，也可以找一份工作，唯独不能什么都不做，让你妈妈养着你。

老师的话让我挺难受，同时也让我有了做决定的勇气。一开始也是抱着试试看的态度打了几个电话问了几家公司，然后居然还真的有一家就要我了，而且还很痛快地告诉我第二天就去上班，生活也是很神奇。

然后我就抱着“没问题，我可以”的心态欢欢喜喜地去上班了。结果我发现一个很残酷的现实：打工，真的和我想象中的完全不一样。

铺垫了那么多，开始说正题吧，就是想聊一聊我在这两个月的打工当中体验到了什么人间疾苦，顺便说一说为什么我们这个年纪的人不应该去打工。

首先，为什么不去打工呢？因为累。那是真的累，你说你没事闲的放着大好的学校不来，跑去打工受累，你是智商掉线还是脑子短路。怎么回事，我好像在说我自己。那问我为啥要去，因为我，就是有病。又说远了，去的时候我也不知道这么累。

等我真正去打过工，踏足社会我才知道：学校不是象牙塔，学校是天堂。

我们现在可能会觉得每天在学校起早贪黑地，一坐坐一天，每天还要接受各个老师声情并茂的“催眠”，完成各个学科那些令人跳脚的作业，很辛苦。是，我不否认，学习真的不是一件轻松的事情，但和打工的那种辛苦相比，是不值一提的。

我打了几天的工，在那待着待着脑子里的想法就是：好想回学校上学。我以前觉得在学校很煎熬，每天学习也学不下去，课也不想听，很痛苦。直到我真的换了一个环境，换到了社会上之后，到我真的来打工了之后我才发现，学校那点苦，真的不算什么。我宁愿选择每天在椅子上一坐坐一天，也不愿意在火锅店一站站一天了。

不过我想着，既然选择了，就坚持下去呗，毕竟我人生中基本没坚持过什么事情，那就咬咬牙，试这一次呗。到了后来，我真的坚持不下去了，觉得我应该回到学校。

身体上的累还是其次，更重要的是心里的累，这种心里的累来自哪里？来自和在那里打工的人思想观念的差异。在那里我有一种格格不入的感受，没有办法接受他们的想法，更不愿意去接受他们的想法，有一种深深的孤立感和无力感。

这种差异归根究底来自经历不同，他们早早地被生活的鸡零狗碎磨平了棱角，早早地认定自己人生仅止于此，失去了对生活最简单的向往和上进心。

诚然，社会上也有些许学历不高，但成就很大的人物存在，那些人一开始或许就是在火锅店这种地方一点一点闯出了天下。但他们靠的是什么，靠的是不在生活的种种打击下丧失信心的意志，靠的是那股想要冲出那个阶层的野心和奋进的努力。

但现在我们在学校，只需要你把手头要做的事情做好的耐心和一点毅力。

刚才讲的这么多，说的其实是一件事，就是大环境对于人的巨大影响。我为什么没有在那里继续待下去，为什么回来上学，就是因为，我害怕被同化，我害怕变成那样的人，害怕自己好不容易产生的那种对生活的野心被磨灭。

谈了这么多，其实我只想说，我们不断的学习，上高中上大学是为了什么，真的以为是为了学习书本上那些枯燥乏味的知识么？我告诉你，不止如此。我们在不断追求的是一个更加优秀的圈子。而进入那个圈子的通行证是什么？就是我们自己，要变成那样的人。

现在学校就是给我们这个机会，让我们进修的地方，就是给我们机会追求我们想要的生活的地方。既然已经得到并且握住了这个机会，那我们有什么理由，不去好好的利用它，让我们走向那个更高更远的未来呢？

爸爸，我可以赢过你吗？

付恒，14 岁男孩。性格内向，不爱说话，却很聪明，仿佛内在有着无穷力量使不出来。据付恒妈妈介绍，小学阶段，付恒是班长，是大家眼中那个乐观、积极向上的孩子。从进入初中开始，付恒整个人变得内向，不爱和同学交流，更多时候喜欢一个人躲在房间里看书。付恒妈妈鼓励他走出家门，和同学多些互动。但付恒不喜欢，他说跟同学在一起很别扭，不如自己一个人待着安静。

在我们的训练营的活动中，付恒在快速记忆法这个环节表现出色。有个题目是正背 10 分，倒背，抽背者可达 15 分，我和付恒说，你要不要试试看？两分钟后，付恒找到我，顺利完成任务。接下来，他试着去带动其他同学，在他引领下，他们小组 10 个人有 9 个人得到 15 分的成绩。小组成员一致推选付恒当队长，付恒当时表现得很兴奋，谁知到了第二天，他又像换了个人一样，躲在角落里默不作声了。

经过两天的观察，我问付恒："你是不是会有这种感觉，有时候明明想努力去做好一件事，但脑海中对话很多，总是不相信自己"。付恒说："是，我也很烦恼自己这种状态，明明心里想要，内心总是有一股说不出的力量压得他想要逃跑。"

我说："如果你愿意，我们一起做个细致的分析，然后我们一起面对和解决问题。他用力地点点头。"

我问付恒："你和妈妈的感情怎么样？"他说："很好。"

一般来说，无法跟妈妈亲密的孩子很难去到自我欣赏。

我又问："你和爸爸的感情怎么样？"他的回答还是"很好。"

一般来说，无法跟爸爸亲密的孩子很难自信和承担责任。

我又问："爸爸和妈妈的感情如何？"

付恒依然回答："很好呀。"

付恒的回答，让我一时间有些摸不到头绪。于是我再深入地问："能不能告诉我，你和妈妈爸爸关系好，具体是怎样的好法儿。"

付恒想了一下，突然说："其实我和爸爸关系也没那么好。"

似乎找到切入点，然后我等着他继续说。

付恒说："爸爸像个小孩子一样，总喜欢和我争。比如有一次我跟着爸爸亲戚家作客，那位亲戚拿出一道趣味数学题，我和爸爸把正确答案都做出来了，可是爸爸却指着我的答案说：‘你这是蒙的。’我争辩说是自己做出的答案，爸爸却依旧坚持：‘你就是蒙的，凭你的能力，根本答不出这道题。’”

“爸爸当时那样说你有什么感受？”

“特别不甘心，也很委屈，觉得爸爸根本就不相信我。”

“来付恒，我们来做一个体验好不好。我能感觉得到类似的事件在付恒身上发生过不止一两次，所以我决定用NLP的重塑记忆法，带着付恒去寻找他人生经历中的被卡住的能量。”

我带着付恒从当下的14岁开始往前走，发现在他分别在13岁、9岁、7岁这三个阶段都有过被权威否定的经历，当我从7岁试着带他继续往前探索时，付恒很肯定地说，没有了，7岁以前他过的很轻松，这里，他用了“轻松”这个词。

在7岁的时候，付恒曾经拿着他自认为写得很棒的一篇书法作品，去找一位书法界的老师，希望得到这位书法法的称赞。书法家随意看了一眼付恒写的字，并把它丢在一边，他说付恒写的字不值一提。

我让付恒站在7岁这个事件的位置上，用位置感知平衡，去体验书法家为什么那样说。付恒说，他能感觉到那个书法家是用专业人士的标准为衡量他的作品，即使当时的他只有

7 岁。

弄清楚这个“误会”以后，付恒再次回到自己的位置上，重拾信心：他会努力练习书法，长大之后还会去找那个书法家。

付恒在 9 岁时竞选全校大队长，做了很多准备，可惜到了现场，因为太紧张还是失败了。我让付恒闭上眼睛，回到那次竞选失败的场景，寻找那个受伤的 9 岁的付恒。

付恒说他看见 9 岁的自己正无助地躲在角落里哭，他觉得那个 9 岁的自己好委屈，好孤单。我让付恒带着 14 岁的自己，重新进入这个画面，让 14 岁的付恒带着爱，带着嘉许去告诉那个 9 岁的付恒，你真的很努力了，其实你很棒。当 9 岁的付恒被 14 的付恒鼓励并接纳时，我再次注入引导语：所有的失败都是为了下一次成功做准备，而每一次失败，都为我去往成功做准备。我不怕失败，是因为我知道自己一定会走向成功。

做完这个链接，付恒很明显轻松了很多，他跟着我，一起走向 13 岁。

那是被父亲的否定，就是那次在亲戚家做数学题时的体验。付恒说，他不理解父亲为什么会那样说，每当父亲对他失望和否定他的时候，付恒都觉得自己很无能。被父亲否定得多了，他就什么都不想做，也什么都不愿意负责，懒懒地——不去做也就不会出错了。

自己父亲的否定，对付恒来说非常关键，我依旧用感知位置平衡法，让付恒去体会当爸爸那样说他时，爸爸心里的感觉。付恒能感受到父亲是无心的，同时，我带着付恒去探索爸爸的内心，爸爸那么喜欢和别人争，别人比，也许在爸爸心中，他也害怕面对失败。

理解了爸爸，付恒也懂得爸爸，爸爸太渴望赢了，所以能够赢一次对他来说显得那么珍贵。接下来我帮着付恒做了三步借力法，当这个练习做完后，付恒像是变了个样子，阳光、轻盈、自信又回到他的身上，他告诉我，老师，我知道怎么让我爸爸赢了，我想成为他的骄傲！

咨询手记：

孩子永远从父母的眼中看到他自己未来的样子。付恒爸爸的无心之语，却带给了付恒强烈的心里催眠暗示。别人说什么都无所谓，但爸爸妈妈对孩子的评语就像是贴在孩子身上的标签，孩子会难以摆脱。

让孩子赢，让孩子赢过我们。一个没有赢过的孩子，是不会渴望赢的感觉的，家族系统的动力就是一代更比一代强。孩子是世界的孩子，他们只是经由我们，去遇见他们自己的未来。习惯性打压孩子的父母们一定不知道，一个孩子自信的建立要经过5000次的被嘉许和被肯定，而让他自卑，几次否定和打压也许就够了。

感知位置平衡法

一、深呼吸，放松身体。让当事人在脑海中想到一个让他有情绪的人，闭上眼睛看见那个人就站在他对面。（为了让对面的人更具体化，可以引导当事人：他穿什么衣服？有什么样的表情？）

二、引导当事人把自己内心的感受表达出来。（例如，你这样做我很伤心，你那样说我很难过，切记，表达的是感受，不是情绪。）

三、表达完感受，依旧闭着眼睛，由我们带着当事人向前一步步走向那个和他对话的人。站到对方的位置后，转身。（这个时候需要对当事人有提示：现在起你就是×××）

四、接下来让当事人去体验，当他站在对面这个人的位置上时，有什么感受。听到刚才当事人的话有什么感受，如果有些话和祝福是想告诉当事人的，最想和他说什么？

五、带着当事人回到他原来的位置，再次询问他，你听到对面那个人对你说的话吗？现在有什么感受？

六、如果当事人的感受表达完整并与对方和解，练习做完，如果情绪还没有释放完毕，再重复步骤一到四。

小贴士：在做这个练习时，尽量引导当事人讲出当时的故事，和问询他内心的感受，很多人会卡在当时的事件，都是基于那种压抑的感受，当我们允许自己表达感受，并能体验对方的感受时，和解也就完成了。

亲子关系中断，无法言明的痛

海南，初三学生，3岁时父母离异，跟着爷爷奶奶长大。6岁时，海南妈妈把小海南接到身边，上学后的海南开始学校寄宿生活。最近他突然开始频繁地逃学、旷课，近日，海南竟然模仿妈妈和老师的笔迹伪造了一个请假条，理由是他想回家。校方领导要对海南的行为做出一定处罚，他们请海南妈妈到学校去一趟。

海南妈妈在前往学校的路上给我打电话，一边赶路一边发牢骚："气死我了，真的想去学校狠狠踢他一顿。"

我安慰海南妈妈："也许我们没有看到孩子行为背后的恐惧和无助，他一定是在学校实在待不下去了，明知道会受到处罚，还要去冒险，可见孩子多想跑回家，而我们应该了解清楚孩子为什么那么想回家。"

海南妈妈开始反思："也许是我平时对孩子的陪伴太少了。海南基本上都是住校生活，周末回家，我也很少在，有时候隔空点外卖，让孩子自己吃。”

“最近家里发生了什么事吗？”

“没发生什么事，如果有的话，就是我最近处了个男朋友，海南不太喜欢，反正他们两个合不来。”

这就是了，也许海南从小就得到的陪伴少，在现阶段妈妈是他最重要的亲人，现在家里突然多了一个男人，要和海南抢妈妈，海南能够留住妈妈最好的办法就是待在家里，守住妈妈，守住这个家。

海南妈妈听了我的建议，到了学校没有对孩子动手，而是认真向学校老师道歉，再把海南领回家。回家的路上她还买了海南喜欢吃的鸡腿和鸭脖。海南一直没有说话，静静地把食物吃完，说了一句：妈，你今天让我挺意外的，我以为你会打我。

接下来海南妈妈，很真诚的告诉海南，小的时候妈妈没有好好陪伴过他，现在妈妈看到了他的孤单和家对他的重要性，以后妈妈尽量在周末多给他陪伴。

随后海南妈妈和海南聊起她的男朋友，她告诉海南，妈妈累了，想找一个依靠，这个男人的出现不是要把她带走，而是他愿意和妈妈一起多陪伴海南。

这次简单又直接的聊天带给海南和妈妈不一样的感觉，如果换成以前，海南妈妈会忍不住大声责骂海南，甚至会动手打他，而这次，所有的话题都不带指责，只谈感受，海南也讲出了他的感受。

海南告诉妈妈，他也不想这样，他也知道这样不好。过两天就会考了，他完全没准备好，一想到这件事就无比难受，心里总是想着如何逃避这场考试。就在伪造请假条前，他甚至都希望自己生病了，这样妈妈就可以把他接回家了。至于回家做什么，他没想好，只想待在家里。

海南说完了这件事后，又主动跟妈妈说，自己知道做错了，并保证这类事情以后绝不再有。

事情过去后，海南妈妈也很好奇：为什么以前发生那么多事，怎么跟孩子讲道理，怎么惩罚他都没用，反倒这次妈妈不说了，他倒主动承认错误了。

在这里，我们需要看到：青春期的孩子确实容易冲动，考虑得没那么周到，但并不代表他们不懂反思。作为家长如果我们能够以身作则，懂得自己先反思，愿意为事情的结果负责，孩子也会从我们身上学会担当和面对困难的勇气。

接下来，我让海南妈妈带着爱去做四件事，她需要从根本上改善和海南的关系：

1. 每次孩子出门上学，不管多忙都要给孩子一个临别的拥抱，在拥抱孩子的时候心里默念：妈妈好爱你。

2. 每天都要发一两条信息，问孩子今天过的怎么样？有什么特别的事情发生，如果妈妈愿意，可以和孩子分享些她要做的事情和经历的快乐。

3. 诚恳地向孩子表达自己也很想做个好妈妈，希望孩子等等她，再给她一些时间。

4. 教孩子自己做“蝴蝶抱”小练习

这样四件事海南妈妈做了不到两个月后，她惊喜的发现，孩子变了，变得阳光积极，那些从学校跑回来的事件也再也没有发生过了。

咨询手记：

在这个案例中，我想特别强调一个词“亲子关系中断”。所谓亲子关系中断是指一个孩子由0—13岁这段时间，孩子有三个月或者以上的时间由其他人抚养。这种很小就离开父母，尤其是白天和晚上长时间都没有办法跟父母在一起的孩子就会形成内心创伤。

有亲子关系中断经历的孩子长大以后会有以下几个特征：

1. 对父母亲没有敬畏。孩子会觉得，我跟你是同一个女人（奶奶/姥姥），和同一个男人（爷爷/姥爷）带大的，很多时候孩子就会和父母以兄弟姐妹的方式互动，还有些孩子会以长辈的姿态批评父母——他们小时候看到的别人跟父母的互动就是这样的。比如他们会说：你凭什么管我？你管过我吗？我不要你管。（其实潜在更深层的表达是，爸爸妈妈，我多想你们管管我。）

2. 抗拒和别人的肢体接触。幼儿期的孩子对世界的感知来自母亲，如果母亲在孩子小的时候没有给予温柔的抚触和足够的陪伴，孩子长大之后就会抗拒和人身体以及心灵的亲密连接，因为一个无法靠近妈妈的人，也没有办法靠近其他人。（很多自己有过亲子关系中断经历的人，长大成家以后，不知道怎么陪伴自己的孩子，因为这种体验在他小时候是缺失的。）

3. 在人群中很多时候显得冷漠。对一个孩子来说，世界上最亲近的两个人都可以“不要他”，这样的分离对孩子来说实在太痛苦，而一个孩子想要活下来，就要屏蔽这部分痛苦，在孩子屏蔽痛苦的时候，也屏蔽了更多情感。

4. 在家里待不住，在工作上心也不安定，总是向往着外面的世界，心始终像是在飘着。就像一个孩子总是在寻找爸爸妈妈，寻找他心里的那个家。

5. 最不愿意面对分离，却总在无意识间制造分离。就像人们常说的，我们最担心的那件事，总会如期而至。

如果很多家长回看自己的人生经历，就会被“亲子关系中断”这个名词触动，希望更多的家长，可以向亲子关系中断说“不”。

在中国，北上广这些大城市，人们都在拼搏事业，忙碌地生活着，把孩子交给老人、保姆照顾。只是，不管我们的理由是什么，当我们决定成为父母，迎接一个小生命来到这个世界时，我们也应该做好给他一个温暖的家的准备。在养育孩子这件事情上，如果父母不负责任，孩子就会付出代价。

蝴蝶抱小练习

一、双手交叉放在肩膀上。

二、两只手掌自由摊开，像两个蝴蝶的翅膀一样。

三、闭上眼睛看到那个无助的自己。

四、轻拍肩膀对自己说：你已经很好了，我爱你！

> 小贴士：这个练习很适合短时间内回归于自己内心，当无助、焦虑的情绪平复下来，也可以针对自己内心期待，在最后一句对话里适当调节，比如，你已经很努力了，你真的很棒，你确实很不容易，我爱你。

你的面子比我的感受更重要

胡飞，男孩，15岁。初中二年级开始厌学、旷课。沉迷网络游戏，每天从早到晚捧着手机，不愿与人接触。最近因为在课堂上玩手机被老师处罚，当老师没收胡飞的手机并告诉他通知家长来取时，胡飞一下子情绪失控，在全班同学面前掀了桌子，再也没去上学。

胡飞妈妈说，胡飞小时候很听话，学习成绩也不错，读小学时，胡飞曾经得过全年级数学竞赛第一名，还被评为十佳少先队员。那段时间，街坊四邻的都拿胡飞做标杆，亲朋好友都很喜欢他的。胡飞妈妈说到这些时，眼里透着几许骄傲。接着又说："现在嘛，他学习成绩差，人际沟通也不行，天天就知道玩手机，我都不好意思带他出去，丢脸。"

胡妈妈把"丢脸"这个词说的很重，在和她聊天的过程中，我感觉到胡妈妈每次提到孩子的行为时，总会特别在意别人怎么看。而胡飞就坐在我们的对面，听着我和他妈妈的对话，偶尔胡飞妈妈想不起来的事情，问胡飞时，他就像是没听见一样。

我趁着给胡飞倒水的空当问他："不爱听我们聊天是吗？"

胡飞有点不好意思地放下手机："也不是，就是好像不管什么事都要听她的，按照她说的做，我说什么都是白说。"

胡飞的话让我感觉胡飞对妈妈的态度可能和妈妈过于爱面子有关。于是我问胡飞的妈妈，是否还记得胡飞抗拒和她沟通是从什么时间开始的。

胡飞妈妈想了想说："是胡飞初二那年。"

"胡飞初二那年有具体发生过什么事吗？"

"有一次他被同学打了，老师把我叫到学校去。"

"那件事我可能处理得不太好。"说到这里，胡飞妈妈带着几分自责。

这个时候，我发现正在玩游戏的胡飞突然停下来，转过脸看着妈妈，两只拳头攥得紧紧的。

原来在胡飞初二那年，班里有个成绩很差的同学和他商量能不能在月考时，给他写些小纸条。胡飞当场拒绝了，说他不愿意。那位同学不甘心，又提出些交换条件，甚至言语中带有威胁。

胡飞再次回绝同学，并说如果你再找我作弊，我就把这件事直接告诉老师。

被拒绝的同学脸上挂不住，就指着胡飞开骂，胡飞不理他准备回座位，那同学竟然冲到胡飞面前扇了他两嘴巴。

“这件事情后来怎么处理的？”

“也没怎么处理，老师把我和那位同学的家长都找到学校去，把这件事摊开了说，那位家长也向我道歉了。我开始还挺生气的，后来一想孩子都在一个班级里，闹僵了对大家都不好，这事儿就过去了。”

“那位打人的同学向胡飞道歉了吗？”

“没有，我跟胡飞说，都是一个班同学，那孩子也不是故意的，让他别太计较。”胡飞妈妈说的这些，让我意识到了事件的严重性，我转过脸去看胡飞，他的情绪看起来很激动，愤怒地盯着妈妈，眼里竟然噙着泪花。

“不好意思，您能把当时的情景再详细地和我描述下吗？”

胡飞妈妈也看到了儿子的不对劲，继续说道：“那天我也确实没做好，因为那个家长我们之前认识，就没好意思说什么，我就劝胡飞，都是同学，打两下就算了，那孩子也不是故意的。现在想想，胡飞也可能还因为这事怪我呢。”

“胡飞，你有什么想对妈妈说的？”我走过去摸着胡飞的肩膀，看得出，他很努力地压抑着自己的情绪。

“我不想跟她说话。”胡飞转过头去，我想起胡飞一直对妈妈的称呼是“她”。胡飞妈妈很聪明，站起来，说要去洗手间。

胡飞妈妈走后，我找来一个垫子，让胡飞把双手按上去，试着打了两下。胡飞犹豫着打下去。接着我让胡飞双手用力去砸垫子，每砸一次就喊出来：“我很生气！”

胡飞试着砸了两下，说喊不出来。

“喊出来，这些委屈在你心底压抑太久了，你需要释放。”我鼓励胡飞，转身关上房门。

终于，胡飞抡起拳头用力向垫子砸去。

“我很生气！我很生气！”

“我很委屈！这样对我不公平！”

胡飞砸垫子的双手越来越用力，他的情绪也越来越激烈，声音由开始的平缓变成吼叫。

砸着砸着，胡飞开始有眼泪出来，一边哭一边说：“面子面子，你总要面子，你要做好人，你的面子比什么都重要，你想过我的面子吗？”

“我恨你，我恨你！！你不是爱面子吗？我就让你丢面子！”看得出来，胡飞大部分的情绪都是针对妈妈的。

我带着胡飞做了“一分为二法”，把妈妈爱面子，成人的世故，不在乎他感受的那部分移动到别处，把不属于他们母子之间的部分，统统移走。做完这些，等胡飞把情绪发泄得差不多了，我打开门，胡飞的妈妈轻轻走进来，她也是哭红了眼睛。

“对不起，儿子。”胡飞妈妈想要上前拥抱儿子，被胡飞拒绝了。

我让胡飞站在妈妈面前，邀请他把心里的委屈讲出来，胡飞转过头。

我带着胡飞讲："妈妈我很委屈，妈妈我对您很失望，在我受伤的时候，我最希望得到您的保护和理解。"听到这些话，胡飞低下头眼泪吧嗒吧嗒往下掉。

对面的胡飞妈妈更是心疼儿子，一个劲儿地说："我真不知道那件事情对你影响那么大，那件事真的是妈妈没有处理好。"

没有想到胡飞妈妈说完这两句话，胡飞一下子走过去和妈妈拥抱了。孩子就是这样，一句"是妈妈不好"，化解了胡飞心中所有的委屈。

临别时，胡飞妈妈还在向我道谢，说她真的没想到自己爱面子的行为会对孩子有这么大伤害。胡飞不好意思地叫她："妈，别说了。"

咨询手记：

咨询结束后，胡飞妈妈对我再三道谢，我说我没做什么，只是有这样的空间可以让他们母子间把压抑的心里话讲出来。青春期的孩子正处于由儿童到成年的过渡期，爱面子，争取公平，渴望被理解，尤其是在和同学之间的关系处理上，当一个孩子被另一个孩子“伤害”时，他们往往不知道怎么去面对，而成年人的自以为是就有极大可能性影响到孩子内在原则。

不要怕孩子处理不好事情，也不要担心孩子会受伤，很多孩子就是在这种不停的试错，不断的尝试过程中开始自我认知、自我反省、自我觉察，学会了跟这个世界更自由的互动方式。

沟通一分为二法

一、深呼吸，闭上眼睛。想到和你在沟通中出现问题的那个人，和那份不舒服的感觉在一起。

二、想象在你面前有一个大屏幕，把那个人的影像放在大屏幕上，屏幕一分为二，那个人在右边，左边的屏幕是空白的。

三、和屏幕里的人物对话：你我都不完美，对我有用和支持的我留下，对我没用和不属于我们之间的，我交还给你。

四、想象每次触摸屏幕，都把那些你不能接受、不属于你们关系的，移动到左边空白屏幕那里。

一分为二法最大的好处是我们可以接收到有用的信号，有支持力的语言，不会被对方一些负向情绪带走，不含情绪的接纳和交换，是保护彼此关系最好的界限。

妈妈，如果我不够好，您还爱我吗？

项雨菲，12岁，女孩。根据雨菲妈妈的介绍，雨菲很小的时候就对食物挑剔，尤其是最近这两个月，小雨菲开始厌食，每天早上不想吃东西，无论妈妈翻新花样儿做多少好吃的，孩子强忍着吃下几口，不一会儿就要吐出来。雨菲妈妈带着雨菲去医院检查，雨菲身体各项指标都很正常，医生也查不出什么原因，只是开些肠胃药，给孩子做些调理。

看到小雨菲，我着实吓了一跳。1.50米的身高，瘦得看上去像不到30公斤，这样单薄的身材，让我想起一个词，“纸片儿人”。我问雨菲妈妈：“孩子每一餐都吃不下吗？”雨菲妈妈说，孩子饿了也会吃，但吃的特别少。最让雨菲妈妈头痛的是每天早上雨菲上学前的那餐饭，无论是对雨菲还是妈妈来说，都是痛苦万分。无论雨菲妈妈做的什么饭菜，雨菲都吃不下一口：因为怕女儿上学会饿，雨菲妈妈就一口一口喂雨菲吃，她吃不下，就会吐出来，吐完了妈妈再喂，喂完了再吐。

我能想象那个画面中的孩子和妈妈都是极为痛苦的，我问雨菲妈妈："如果孩子早餐不吃会怎样？"

"肯定会饿啊。"

"有没有想过给她书包里装些饼干糕点之类的？"

"装了也没用，这孩子记不得吃的。"

"说不定她饿了就会想吃呢？"

"不行，我得看着她上学前能吃进点东西才安心。"

孩子去医院检查过，身体各项指标正常，除了吃不下东西，其他都还好。聊得多了，我发现这是个雨菲妈妈是位操控型的母亲，喜欢用各种方式要求孩子按照自己想要的样子成长。孩子现在才五年级，却报了六七个学习班，有补奥数的，有补英语的，还有口才，舞蹈等一堆。

每天放学，雨菲是被各类补习班的老师接走。到了周末，雨菲妈妈早早起床，带着雨菲，从这个学习班辗转到那个兴趣班，在课余时间小雨菲更像是个赶场的演员，一场接着一场，很少停下来过。

雨菲妈妈也很苦恼，为什么她那么努力让孩子学习那么多，雨菲却显得越来越自卑了？尤其是现在雨菲连吃饭都困难，她更是着急，急到火大时，她就把雨菲按在桌边，一口一口把粥喂下去，雨菲勉强把粥咽下去，不一会儿又会把粥吐出来，和鼻涕眼泪混在一起。

和雨菲妈妈深入的聊天过后，我能感觉到雨菲妈妈内在有种要爆炸的情绪。于是我建议，关于雨菲不吃东西的问题暂且放放，倒是妈妈的情绪如果再不解决，怕是要崩溃了。

雨菲妈妈听到我建议，马上急了，她说自己这么大人，什么不懂，今天来咨询就是为女儿，只要女儿好了，她就没事。雨菲妈妈特意强调：我的状态我知道，被我女儿逼出来的。接下来，无论我再说什么，雨菲妈妈都像再也听不见一样，她只关心女儿，看不见自己的情绪。

几次对话下来，我能感受到雨菲妈妈那份强势和固执。于是我说：我不知道自己现在的感觉会不会像你的女儿，不管我说什么，做什么，我想要表达的在你面前都是无效的，你已经决定了你认为对的，女儿怎么能说不呢？

雨菲妈妈听到这一句，突然愣了，她突然想起了什么："我女儿也说过，只要妈妈觉得是对的，别人说什么都没用。"

接下来，我邀请两个助理给雨菲妈妈做了一个现场心灵空间呈现。这两个人其中一个人代表雨菲妈妈，一个代表小雨菲。首先，是雨菲妈妈站在场地中间，她茫然地四处张望，似乎在寻找什么。当小雨菲走进场域中间时，雨菲妈妈整个人突然间动起来，像个停不下来的陀螺，把女儿围在中间，一圈接着一圈走动。

雨菲妈妈看到这里，长叹了一口气，说："是，我每天的生活就是围着我女儿，我好像活着的意义就是为了她，如果没有我女儿，我都不知道自己还能干什么。”

看到这样的呈现，我不禁去想象她的女儿，那个被母亲团团围住的小女孩是多么的无可奈何。也许我们太想保护女儿，太想支持女儿的同时，也给孩子套上了层层枷锁。

我让雨菲和妈妈面对面站着，让雨菲试着去问妈妈：妈妈，我可以做自己吗？

小雨菲低着头，用力地咬着嘴唇，说不出来。

我让雨菲闭着眼睛试着在心里说：妈妈，如果我不够优秀，我还有资格做您的孩子吗？

雨菲闭上眼睛，眼泪开始吧嗒吧嗒往下掉，我摊开手掌，用力去拍雨菲的后背，告诉她大声喊出来：妈妈，如果我不够好，我还有资格做你的孩子吗？

雨菲喊不出来，只是嘤嘤地小声哭泣，到后来开始张大嘴巴坐在地上，像个婴儿一样歇斯底里地哭，一边哭一边对妈妈喊：“妈妈我好累啊，妈妈我好累啊。”

雨菲哭，妈妈也哭，母女俩蹲在地上，一直以来各种复杂的情绪以这样一种方式得到化解。在和雨菲妈妈后面的聊天中，我发现雨菲不仅对女儿这样，对她的父母、弟弟、老公，都是这样。不难想象，她真的想画一个超大的圆，把她在乎的所有的家人都圈在里面，当然为了这个圈更加牢固，她在外面不停的忙碌，一圈又一圈。

我问雨菲妈妈："如果你们一群人出去玩，你会不会总是帮别人拿包的那个？"

雨菲妈妈笑了，她说："您还真猜对了。我就是那个喜欢帮别人拎包的人，你说我妈妈那么大年纪了，我不帮她背还有谁能帮他，还有我弟弟，迷迷糊糊的，我不帮他背，他肯定丢。还有我闺女，我外甥，那包多沉多累啊，我可不忍心看着孩子们辛苦，干脆能帮着背就帮着背了。"

我让助理找来一堆皮包，拿给雨菲妈妈。

雨菲妈妈接过来，一件一件将它们挂在身上。

过了一会儿，雨菲妈妈被皮包压得难受，扭动着身子。

"感觉怎么样？"

"累！"

"那怎么办？"

"扛着呗。"雨菲妈妈深吸了口气。

我让助理再加一把椅子放在雨菲妈妈肩上。

"现在扛得动吗？"

"可以，我换个姿势。"雨菲妈妈神情悲壮。

我继续问："你想这样扛多久？"

雨菲妈妈没有说话

"你就没想过把它们拿下来吗？"

雨菲妈妈坚定地摇头："没想过！"

时间一分一秒地过去，雨菲妈妈身体越来越下弯，她似乎有些撑不住了，看着我。我不说话，看着她继续撑。

我告诉助理再拿一把椅子来，当助理拿着椅子走向雨菲妈妈，试图将把这椅子再加到她身上时，雨菲妈妈一下子崩溃了，她疯了一样把压在身上所有东西向下丢去，嘴里大喊着：我受够了，我不想再背了！！

皮包和椅子跌落到地上那一刻，雨菲妈妈也一屁股坐在地上，大声哭出来："我好累，我真的太累了。"

我看着坐在地上的雨菲妈妈，能感觉到他的身上背负了太多不属于她的负担。雨菲妈妈后来告诉我，她还有一个姐姐，几年前去世了。

我试着从这个点进入，让雨菲妈妈闭上眼睛跟我说：姐姐，从你离开那天起，我就再不是妹妹了。

雨菲妈妈说前面说到姐姐的时候没有任何感觉，后面的那句一出来，马上泪奔。

咨询手记：

雨菲妈妈是很典型的没有为自己活的女人。无论是作为妈妈的女儿、女儿的妈妈、弟弟的姐姐、丈夫的妻子，她都是以一种悲壮的奉献的精神，不停歇地付出，似乎只有这样全身心的奉献，她才能找到自身的存在和价值感。可是我们在这里看到的是，雨菲妈妈那么用力地去“爱”身边的所有人，却从来不会爱自己。一个不懂得爱自己的人，对别人的付出，都是控制、讨好，和交换。

雨菲妈妈用牺牲自己的方式去爱她身边的人，女儿也学会了用牺牲自己的方式去配合妈妈，哪怕小雨菲再不喜欢兴趣班，她也愿意为了妈妈坚持，可是身体是诚实的，当我们想要拒绝和说不，而内在情感不允许的时候，身体就会排斥。生活中有些孩子的消化不良或者皮肤的过敏症状也可能是在传达一种内心的拒绝。

写到这里，我想到另一个个案。有个高一的孩子，脸上起了很多青春痘，家里人用了各种药都无济于事。孩子和我聊天的时候无意间提起半年前，他喜欢上同班的一个女生，并悄悄地写了一封表白信想送给那女孩，结果信还没送到女孩的手中就被班主任老师截去，并在全班同学面前读出了这封信。

我让孩子试着说出：老师，我讨厌您！当您读出那封信的时候，我就觉得我的面子都被丢光了。孩子说完，觉得整个人都轻松多了。回去后，孩子脸上的青春痘开始渐渐地减少。

青春期的孩子最爱面子，最在意别人怎么看他，所以很多孩子会在打扮和着装上，凸显着自己。作为家长，在孩子青春期的时间里，我们在理解孩子内心想法的同时，更要维护他们的面子，这就像是当孩子站在我们面前问：爸爸妈妈，我可以做自己吗？

你带着欣赏和嘉许的目光告诉他：当然你可以做自己，在爸爸妈妈心里，你独一无二。

“如果我不够好”练习：

这个练习爸爸妈妈们也可以做。把自己当成孩子，闭上眼睛，去想象爸爸妈妈就站在我们面前，看着爸爸妈妈，试着说出下面的话：

亲爱的爸爸妈妈：如果我不够好，你们还爱我吗？

亲爱的爸爸妈妈：如果我不够努力，我还值得被爱吗？

亲爱的爸爸妈妈：如果我做不到，我还有资格做你们的孩子吗？

当你说完这些话，如果你的内心是轻松和更有力量的，恭喜你，你在爸爸妈妈面前是自由被允许的；相反，如果你是压抑和难过的，就去感受一下你孩子的感受，也许，你孩子的心里也在担心：如果我不是好孩子，我还有资格被爱吗？

先处理情绪，再处理问题

谭柳，女孩，16 岁高中二年级。谭柳妈妈打电话给我说，刚刚她女儿在学校和同学发生了争吵，女儿用书砸到了同学的头，恰巧被刚进门的班主任看到了。

班主任让谭柳下课后去老师办公室。谭柳下课后偷偷溜出来给妈妈打电话，说了教室里发生的事情，还告诉妈妈，她很担心老师找她谈话以后还会再找家长。

“然后呢？老师找女儿谈话了吗？”

“没有。”谭柳妈妈说她刚刚给那位老师打了电话：我女儿的事情我来解决，她最近情绪很不好，如果老师你有什么批评不要跟孩子说，跟我说，一会我就去学校。

“这不，马上就要去学校了，我就给您打个电话，等会见到我女儿我要怎么说？”

我回她：“如果我是那位老师，我会觉得委屈。我是这个班的老师，当班里的孩子犯了错，我在教这个孩子要去面对和负责任的时候，孩子的妈妈跳出来，警告我：你，你离我孩子远点！有什么事冲我来，别动我的孩子。嗯，我就是这种感觉。”

谭柳妈妈马上说：“对对对，挂了电话我也觉得不太好，但我确实很焦虑和担心。”

我在电话里迅速地帮谭柳妈妈做了三分钟情绪处理，做完之后谭柳妈妈平和了很多。

“我们还需要看到的是，这是位负责任的老师，她没有直接找家长，也没有把孩子推出去置之不理，而是把这个事情当成要和孩子谈话的重点，在我看来，这是一个负责任的老师在教他的学生如何负责任，你说呢？”

谭柳妈妈长吁一口气：“是是是，当我把情绪放下，中立地看这件事，我那样跟老师说话实在太不对了。”

“没有对错，我有看到一个妈妈对女儿的爱，那种出自本能的保护和担心。”

“是的，我就是这种心情，特别担心我女儿出问题。”

“会出什么问题呢？孩子其实很努力，很优秀，很有力量！”

“啊？”

“当她和同学吵架时，她能把书砸过去，说明她是有力量。如果咱以后能教会孩子表达情绪，而不是带着情绪去表达，这不就是一个成长点吗？”

“还有，老师让孩子下课后去她办公室，孩子并没有逃跑的念头，反而担心给妈妈带来麻烦，这说明孩子已经做好了面对和承担的准备，而对妈妈的担心，不就是在表达：妈妈，如果我不够好，我还值得被爱吗？”

谭柳妈妈的声音明显有力量起来：“是的，您这么一说我突然觉得这事情其实没那么糟。”

“当然没那么糟，那么这件事带给我们的资源又是什么呢？”

“我明白了，您一直在教我资源，看事情背后好的那一面是什么。太感谢了，我以前从没想过这样看问题。”

咨询手记：

我们常说生活中情商高的人都是懂得管理自己情绪的人，有时候明明很小的一件事，因为有了情绪的推波助澜，常常到最后不可收拾。那么我们如何在事件发生时不被情绪所控呢？如果在这个时候给情绪做个隔离，或者按一个暂停键，也许后面事情的发展就没那么糟糕了。

三分钟情绪处理法：

一、去感觉当下你内在有什么情绪，在身体什么位置，这个情绪是否有颜色有形状的？

二、看见这个情绪，深呼吸，将身体内所有这种情绪集中在一起，看着他们聚集，扩大。

三、去想象在你面前有一个敞开的大箱子，把刚才感觉到那些情绪统统放进大箱子里。

四、当所有情绪都装进箱子后，给箱子上锁。看着箱子沉入大海，直到再也看不见。

从来没有人告诉我，学习是为了什么

齐小煜，女孩，21 岁。齐小煜从小学习成绩都很好，始终担任优秀学生干部，是老师家长眼中的好学生。高中结束后，她被保送进入某医科大学。大学二年级，小煜突然整个人进入抑郁状态，不喜欢和人接触，抗拒学习，在大三上半年离开学校，在家里已经休学半年。

确切地说，小煜是父亲带着过来咨询的。父女两个并排坐在我对面，爸爸离我近，稍远一点的是小煜。

我问他们："什么原因休学呢？"

"孩子身体不太好。"爸爸说。

"小煜，能告诉我除了身体的原因，还有别的事情让你不想上学吗？"我问小煜。

爸爸抢着说："她就是说……"

我打断小煜的爸爸，看着小煜："来，坐这儿。"我示意小煜跟爸爸换一个位置。

小煜来到我身边，看着我又看看爸爸。

“孩子你说，怎么了？”

小煜眼泪一下子流出来，声音里透着委屈：“就是每个人都告诉我，要学习学习，可是从来没有人告诉我学习是为了什么。”

“慢慢说。”我从小煜的神情中完全看不出这是一个已经21岁的孩子，不，确切地说，21岁应该是成年人了。

小煜从小就是班里的尖子生，优秀学生干部，用她的话说，在学校里只要学习好，就有特别关心，特别待遇。从小到大，学习一直是她最看重的事。

进入大学她发现，这里的学习和初中高中完全不一样了，大学里很多学科不用解题，不用思考研究，只要死记硬背，只要把你那些名词，习题背下来，你就可以拿到合格的分数。

这样的学习方式让小煜越来越没有价值感，越来越迷茫，她问，我那么努力学习，那么努力考高分，考到了大学以后，发现大家都不用那么努力学习，只要死记硬背，就可以考试合格，我这么多年学习到底为了什么？

这是个好问题。

我问小煜：“你觉得学习是为了什么？”

小煜又哭了：“我不知道，我觉得每个人都是那么过来的，都是以学习为目标，但是没人告诉我上了大学以后一切都会改变。”

我看了看小煜的爸爸，他好像懂，又好像没懂。

我给小煜的爸爸打了个比方：“作为父母，你们是很好的教练，用支持和陪伴让一个运动员往前跑，你告诉运动员，加油向前冲，前面大学就是你的目标。然后运动员很听话，使了浑身力气向目标跑，目标到了，运动员站在大学里，他依然等待后面的指令，我跑进大学里下一个目标呢？”

爸爸这时说话了：“这个大学是我给孩子选的。我就是觉得女孩子嘛，选一个不用吃青春饭，技术类的工作，这样她一辈子也安稳。”

“不错，听起来是很好，”我点点头转过去问小煜：“你喜欢学医吗？”

小煜摇摇头：“不喜欢。”

“那为什么还要进这所大学？”

小煜看着爸爸。

“从小到大你的每一步都是爸爸安排好的是吗？”

小煜点点头。

“喜欢爸爸这样为你安排吗？”

小煜：“我觉得爸爸安排的都是对的。”

“你喜欢吗？”我追问。

小煜：“虽然有时候我不喜欢爸爸安排我太多事，但我知道爸爸做的都为我好。”

我问小煜的爸爸：“小煜有过青春期吗？”

“没有没有，这孩子就是从来没有过青春期。”小煜爸爸说起这个来很有感觉。

“所以到现在她还没长大，她还是个孩子啊。”

小煜是很典型的青春期滞后的孩子。父母过于包办，孩子就会处于被动状态，你推一步，我走一步。有一天父母不推了，孩子就站在那里不知所措。在过往的经历中，小煜的每一步都是父母推着前行的，考得好就可以得到大家的嘉许，至于未来她想成为什么样的人，为什么要努力学习，是她没想过的。她只知道学习好了，爸爸妈妈会开心，有了好的成绩，就代表她是个值得被爱的好孩子。

“我猜，不一定是大学里只有死记硬背，是大学里的情况和高中不一样了，没有人再关心成绩和排名了，所以你很茫然。”

“好像是，”小煜不哭了，开始进入更深的思考。

“我相信你们大学里有很多孩子都在忙碌，学习、社交、建立兴趣爱好，而你的失落在于除了学习，不知道自己还能做什么。”

“是。”小煜哇的一声哭出来，“除了学习我什么都不会，我什么都不会。”

看着哭得稀里哗啦的小煜，我有些心疼。爸爸妈妈太关注于学习，把孩子变成了只会学习的机器，她没有时间去拥有自己的兴趣爱好，也没有空间结交新的朋友，更没有时间成为自己。

“想回到学校重新适应大学生活吗？”

“想，又不想。”小煜有些纠结。

“想要真正拥有一个属于自己的大学生活，你得先独立起来，做自己。”

“做自己？怎么做？”小煜一脸茫然的看着我。

“来，和爸爸面对面站着。”

小煜与父亲面对面四目相对，不一会儿，小煜有些情绪开始隐隐地出来，她开始无声的抽泣，我示意小煜抬起她的手，去跟爸爸的手掌相对。

我让小煜试着用她手掌的力量去推开爸爸的手，一次又一次，小煜把手举起又放下，她推出去的手很没力量。

我让她说：“爸爸我不要你管我！爸爸我不要你管我！”

开始小煜的声音很小，整个人也没有力量，随着她的声音越来越大，推开爸爸的手掌也越来越有劲，小煜的哭声也越来越大。我让小煜试着用手掌把爸爸的身体推开，但还是明显推不动。

我示意小煜爸爸在手掌上用力，将小煜身体里的能量激发出来，终于小煜发力了，在一次次鼓励下，小煜终于可以将父亲推得更远，大喊着："爸爸我不要你管我，爸爸我想做自己。"

在整个过程中小煜哭到不能自已，小煜的爸爸也流出了眼泪，透过这个连接，他明白该把女儿的人生交还给她了。

做完这个练习，等小煜平静下来，我问小煜："你学医选择了什么专业？"小煜说："口腔。"

"为什么要选口腔？"

"因为小时候我做过牙齿矫正，感觉挺好的，所以就选了这个。还有，我觉得人们对美的追求远远大于健康。"小煜说这句话时，不再像个孩子。

"虽然是爸爸帮你选择了学医，但进入口腔专业，让更多人和你一样变美，这是你选择的是吗？"

"是的。"

"那么小煜医生，我现在邀请你靠在沙发上，闭上眼睛，去想象有一个和你一样漂亮，但是只有五六岁的小女孩蹦蹦跳跳跑到你面前，她说：'小煜医生，谢谢你帮我做了矫正牙齿的手术，让我变得那么美。'当你看到这个小女孩，看到这个画面的时候会有什么感受？"

小煜说："我很开心。"

"现在你觉得做牙医有意义吗？那么多和你一样年轻人，像爸爸妈妈一样的成年人，像外公外婆一样的老年人，因为在你这里做了牙齿而变得更开心更幸福，你觉得这份工作有意义吗？”

“有意义，”小煜笑了。

“所以，即使爸爸帮你选择了学医，但是成为牙科医生是你自己选择的。接下来，谁应该为这份选择负责？”

“我。”小煜说。

“过来告诉爸爸。”我拉着小煜让她走到爸爸面前和我一起说，“爸爸，谢谢你为我付出那么多，为我设定了那么多好的目标，现在我长大了，我已经21岁了。接下来我的人生我想自己负责，我想为自己设定新的目标，你同意吗？”

小煜的爸爸重重地点头，父女俩做了一次成人间的拥抱。

咨询手记：

青春期延迟是我在研究青春期这个课题时，给超过16岁才进入青春期的孩子起的新名词。发达的新闻媒体和社交网络过早把各类信息输送到孩子的世界，很多孩子在父母过度保护下，自我意识发展不强，进入大学，一旦离开父母，平时习惯被安排的人生突然不知道怎么往前走，就会进入空虚迷茫的状态。我曾经有个来访者是一个高三孩子的母亲，孩子高考时是老师建议孩子报考的武汉大学，但是录取通知书下来后，孩子母亲竟然要求孩子放弃这个学校第二年再考，原因竟是武汉离家太远了。孩子同意了妈妈的建议，复读，但是只读了三个月就再也不去学校，无论妈妈怎么和这个孩子商量，孩子都不再愿意同妈妈讲话。这位妈妈希望我跟孩子聊聊。我说，如果想要改善这段亲子关系，我们需要向孩子道歉，真诚地道歉，并把他的人生还给他。

太多的父母对孩子的成长过于担心，无限制地介入，结果过度地为孩子负责任，造成了孩子不为自己的人生负责任。

亲子关系的重要课题就是分离，面对青春期的孩子，智慧父母通常沟通方式是——你怎么看？你的选择是？你决定！要知道一个被充分信任的孩子，才有无穷的创造力和直面问题的勇气。

接受父母法：

这个练习一般用于为未成年人和父母纠缠的状态做界线和分离，或者给十八岁成人做成长礼。我们可以想象着我们的孩子就在面前，并对我们说出这些话：

一、爸爸（或者妈妈），您是我唯一的爸爸，也是最有资格做我爸爸的人，我完全的接受您为我的爸爸，完全接受您给我的一切，亦接受因此而需要付出的所有代价，请您接受我为您的孩子。

二、生命经由您和妈妈传给我，里面已经拥有全部我需要的力量、爱和支持。就算我有其他的需要，我也会运用你们给予我的，从其他地方得到。

三、我知道我的人生路不会平坦，途中会有很多挫折和失败。无论我经历怎样的失望和伤害，我知道你们给我的力量、爱和支持，足够让我去度过、去成长。我会做很多好事，让你们以我为荣。

四、当我准备好的时候我会……（若已经结婚或有了孩子，按情况需要，改为“我已经……”）有自己的家庭，把生命传下去。我会很好地照顾我的家庭，我会建立成功快乐的人生。请容许我用这个方式来表示对您的爱、感谢和尊敬。

五、爸爸，我把您放在我心里最重要的位置。在那里您每天都知道我做的好，我也每天都感受到你对我的爱和支持。爸爸，谢谢您；爸爸，我爱您。

爸爸妈妈，我只想你们“看见”我

乐乐，13 岁，女孩。老师和家长眼中的乐乐是个非常懂事的孩子，无论和谁有任何的不愉快，乐乐都是最先妥协的那个，甚至在走路的时候被人撞倒了都不会吭一声。然而乐乐越是这样的好脾气越是让她的爸爸妈妈担心。

近两年，乐乐变得沉默寡言，无论跟谁在一起，乐乐都很少说话，即使是和家里人。在乐乐父亲聊天中，我得知乐乐家里姐妹三个，乐乐排行老二，她的姐姐非常强势，基本上姐姐说什么，乐乐只能服从。开始乐乐也不愿意，告状到父母那里，但父母知道乐乐姐姐的强势，也就习惯性地安抚乐乐：你姐姐就那脾气，多让着点她。

和乐乐的交流，更像是我一个人的独角戏，她甚至都不曾抬头看我，当我非常友好地夸乐乐很漂亮，她的裙子很有个性，还有她画的画真好时，乐乐始终面无表情地看着她手中的那支笔，一动不动。

我开始尝试着用封闭性的问题引发她回答，比如你需要喝水吗？房间温度冷吗？乐乐依旧保持原来的姿式，以缓慢摇头或者点头来回答。

“你喜欢你姐姐吗？”

乐乐突然开口说话了：“有时候喜欢，有时候不喜欢。”

“什么情况下喜欢？什么情况下又不喜欢呢？”

“不公平的时候。”

“姐姐对你不公平？”我尝试着让乐乐把对姐姐的不满意表达出来，乐乐摇头，不想说。

这让我感觉到，在乐乐的心里，也许会有这样的对话：姐姐的强势，父母是看在眼里的，可是连世界上最爱我的父母都让我忍耐，那我还有资格去争吗？

我邀请乐乐的爸爸妈妈来帮乐乐做一个“挣脱”练习，爸爸妈妈面对面站立，手拉着手围成一个圆圈，把乐乐围在中间。在乐乐的前方，站着我的一位小助手，她代表乐乐的姐姐。

当音乐响起时，乐乐要用尽全力，从“父母的怀抱”里挣脱出来。我观察乐乐的动作，当我喊着要乐乐凭自己的力量冲出来时，乐乐只是象征性挣扎一下然后就放弃了。

音乐再次响起，乐乐还是轻微动了一下，无论我在外面给乐乐怎样喊加油，她都只是尴尬地抬了抬手。

是时候刺激一下乐乐了，我走过去，大声用语言不停的给她加油："乐乐，这不是一个练习，这是你的人生，在你自己的人生面前你有没有全力以赴？你这样子到底活给谁看？你是不是就这样压抑一辈子？你还想这样子多久，有没有真正做过自己？"

接着，我暗示代表乐乐姐姐的那个女孩子对乐乐"发号施令"。

终于，这些语言似乎刺激到了乐乐，乐乐开始越来越用力，越来越拼命的挣扎，有很长一段时间，她满脸通红，脖子上露出很粗的青筋。就在她快要冲出来的时候，又被拉了回去。

我不停歇地为乐乐喊"加油，"到最后两位助手也跟着一起喊："乐乐，相信自己，你可以的！"乐乐使出了所有的力气，到最后，她真的凭借自己的力量挣脱出来。我感觉可能有些东西她也一起挣脱了。

第二天，乐乐开朗了很多，原本戴着的眼镜也摘下来，课间的时候，她会跑出去帮我倒杯水，毕业的那天，她还把自己的训练营队服写上祝福语送给我。

训练营结束后，乐乐的父母说孩子真的变了，他们问我后续在生活里，如何支持乐乐。我说当乐乐在姐姐面前感觉被压抑的时候，家长需要做的就是公平，家里虽然孩子多，但每一个孩子都值得被看见，如果一个孩子长期不被父母“看见”，她身上“躲”起来、“藏”起来的能量就会增加。

咨询手记：

现在多子女家庭越来越多，很多家长也在孩子的教育上忙得焦头烂额。很多家长都会习惯性的对小一点的孩子多些照顾，但我们忘了，孩子就是孩子，无论他几岁，都需要爸爸妈妈的照顾，倘若爸爸妈妈把注意力过多放在小一点的孩子身上，大一点的孩子就会觉得我不重要，我在这个家是不被爱的。

我在训练营里听到两个初二孩子的对话，这两个孩子家里都有一个弟弟或者妹妹。其中一个说：“我如果想吃什么，我就跟我弟说，让我弟跟妈妈要，我妈妈肯定就会买俩，我们一人一个。”另一个说：“对，如果是我们跟妈妈要的话，一定不会买的。”

大家能想象这样的孩子长大以后，面对机遇和挑战的时候，他敢要吗？

接下来我会带给大家一个增加孩子力量的练习，叫挣脱练习。一般适用于不敢表达自己内心想法，不敢说“不”，内心没有力量的孩子。有很多家长在面对孩子情绪时，害怕和孩子之间的冲突，但我们越是害怕冲突就越会在逃避中引发冲突，我的小孩11岁那年，因为一件小事我批评了他，触动到他对我没有表达出来的不满，当时他看着我，气得紧紧地攥起拳头，眼眶里含着眼泪，大声跟我说："我不想跟你说话！"

那时候的我是没有情绪的，看到孩子这样，我知道触到了他对我一直未表达出来的情绪。我就把双手伸出来，让他也照着我这样做，我们十指相扣，然后我大声告诉他："把你的不满发泄出来，把你的愤怒推出来。"开始他不愿意，后来他明白我是要帮助他处理情绪，而不是用这种方式"整"他。他就用尽全身的力量拼命的想要推开我，那时候的他真的很有力量，我甚至被他推得一直倒退。后来这样的动作进行了几分钟，他的力气也用得差不多了，才松开手，然后我把他抱在怀里。那一刻我们不光在当下的事件上达成了和解，也疗愈了他小时候我无意中对他的伤害。

在帮孩子做这个练习时，一定要做到尽管那一刻孩子有情绪的，但我们要没有情绪的，我们所做的一切只是要帮助孩子清理负面情绪。如果孩子在表达愤怒时说了一些不该说的话，我们也要及时跳出来，只要你带着爱去支持孩子，他一定能收得到并愿意配合你把情绪清理出来。

挣脱练习：

一、找两位代表，一个爸爸的代表，一个妈妈的代表，两人手拉手围成一个圆，当事人站在两位代表围成的圆中间。

二、放一段有剧烈冲突感的音乐，当事人用他的身体拼尽全力冲出两个代表围成的圈。

三、当事人没有力量冲出圈时，引导者要不断的鼓励当事人，可以带着他喊出：我要做自己！我可以为我自己负责任！我要你们看到我可以做得到！（引导语正向，积极）

四、当事人冲出“圈”后，爸爸妈妈走上前拥抱孩子：告诉孩子，我们爱你，爸妈妈祝福你。

我用生病来逃避负责任

胡豆，14岁，男孩，初中一年级。像胡豆这样的小男孩在团队里不是特别突出，表面上看着乖巧、听话，实际上很调皮，经常会用些小动作引起同学和老师的关注。可一旦团队需要有人站出来负责任时，他们会向后退，一副与我无关的样子。胡豆爸爸说，每次看到儿子不负责任的样子他就很生气，可是越是让孩子负责任，孩子越躲闪，他实在不知道怎么办了，所以才送孩子来学习。

现实中的胡豆性格相对其他孩子算是活跃一些的，渴望被关注，很重感情。刚来小组的时候，他说自己腰不舒服，腿也不舒服。为了方便照顾他，我把胡豆安排到我身边，他很开心地坐过来，并愿意帮忙做些事情，比如搬椅子，记分数。

有一次胡豆上课迟到了。训练营为了提高孩子们的团队意识，对于迟到的孩子要罚30个俯卧撑。而作为胡豆所在小组的组委和助教也一样跟着受罚。当我们小组每个人认真接受处罚去承担责任时，当事人胡豆一脸无辜地站在旁边发呆。我走过去，他说："老师我手疼。"

我说："犯错不可怕，但我们要承担责任。这么多人都陪着你承担责任，你更应该负起责任来。如果你手疼，咱们可以做半蹲，老师帮你数着，做50个半蹲可以吗？"

胡豆犹豫着，慢慢做下去，才做了几个，又停下来说："老师，我腰好痛。"

"还可以坚持吗？"小组成员都围过来，我们一起给胡豆加油，他努力做完20个半蹲后，无助地看着我说："老师，我腰痛得快不行了。"我担心胡豆的身体状况，没有让他继续做了。

后来，我请了训练营里的随队医生来看看胡豆的情况，随队医生说，他认识胡豆，以前来过训练营，这个孩子经常和老师说他这里痛那里疼，其实检查过几次，孩子没事，他说的那些症状都是用来求关注和逃避的借口。

我想了一下，确实如此，进营的时候他说腰疼，我就会多照顾他一些，也不会派繁重的任务给他。做俯卧撑的时候手会痛，是逃避这个项目最合理的理由，半蹲的时候腰会疼，也意味着这个任务他是不能完成的。和生活中很多孩子一样，懂得去运用身体的不适来对抗他们不愿意面对的状况。

后来我又从胡豆妈妈那里拿到些资料：胡豆家里还有个弟弟，弟弟出生后，父母把过多精力都放在弟弟身上，忽视了对胡豆的照顾。出于对胡豆的愧疚，在经济上会多给他一些，在小事上也会由着他去了。对于胡豆身体的问题，妈妈说他经常生病，生病的时候大人也会顺着他，到后来，大家对胡豆生病已经习以为常，也就不太在意了。

了解了胡豆的大概情况，我和小助教一起开始特别关注胡豆。比如无论什么作业，组长和小助教都会看着他完成，有时候胡豆说累了，困了，身体不舒服想要逃避时，我们都会温柔而坚决地把他拉回来，在大家不断鼓励下，胡豆知道自己必须去面对时，其实他可以完成得很好。

我记得有个环节是教给孩子们情绪处理。让孩子找到一件最让自己生气的事件，然后用“情绪咖啡机”化解内在的情绪。胡豆始终站在原地发呆，我走过去想要帮胡豆做这个练习。胡豆说：“老师，我没有什么情绪。”

是的，胡豆确实没有什么情绪，我一下子明白胡豆为什么这么喜欢逃避，在逃避中他不光可以逃避负责任，他也在逃避中逃离了情绪。我说：“那我们就做自己和‘逃避’的关系。”胡豆马上一脸痛苦的表情：“老师我肚子疼，做不了。”

我坚持拉过胡豆，让他把对面那个困难想象成他自己，然后让更成熟，更有担当的自己跟逃避的自己对话。胡豆整个人都歪歪地站不稳，对话也不专心。

我每引导他说一句话，他都会一脸痛苦地小声和我商量：

“老师能不做吗？我真肚子疼。”开始的几次对话，我把逃跑的胡豆一次次拉回，他心不在焉，身体站不稳。

我温和而坚定地告诉胡豆：“这个练习你必须做，一次做不成，我们做十次，十次做不成，我们做一百次。今天，必须完成！！”

看着我严肃的表情，胡豆不再说肚子疼了。他声音很低：“好吧，老师我试试。”

我让胡豆站稳，深呼吸，让他闭上眼睛试着在面前看到他自己，那个一直以来不负责任、习惯性逃跑的胡豆，我问他：“看见那个自己了吗？”胡豆点点头。

“现在，用最大的声音对那个不负责任的胡豆说：你明明就是个男子汉，明明有能力为自己负责任，可是你为什么遇到困难就逃跑，你是个胆小鬼！胆小鬼！”

说出胆小鬼三个字，胡豆眼泪一下子出来了。他紧跟着小声嘀咕一句：“我不是胆小鬼。”

“是的，你不是胆小鬼。”我揽着胡豆的肩，引导胡豆继续跟自己对话：“我知道你也想负责任，我知道你也很努力想要做的更多，相信自己，只要你想负责任就一定可以。你可以的，我相信你。”

说完这些话，我带着胡豆向前走三步，站到那个“不负责任的胡豆”的位置，我让闭着眼睛的胡豆再去体会他不负责时那份感受。胡豆说，他也想负责任，他也想努力，可是他害怕，他真的很害怕。说到这里，胡豆蹲下身，像个小孩子一样哭了。

我也蹲下去，抚摸他的后背："面对是需要勇气，可是逃避会带来更大的煎熬，孩子你觉得呢？"

胡豆说："是，我也不想逃避。"说到这里他的情绪有了不同，他站起来自己说出来："我不是那样的，我不是那样的，我可以负责任的。"

在接下来的负责任和不负责的两个胡豆对话中，胡豆自己讲出的话慢慢多起来，感触也慢慢出来，虽然他的身体还是站不稳，但可以看出他越来越有力量了。

做完这个练习的回到座位，胡豆说："老师，我肚子真的不疼了。"后面的两天，胡豆明显的变得有力量，也愿意去面对他应该负责任的事。就在我们觉得一切都在慢慢好转时，又有一件事发生了。

那天下午，训练营有个团队项目"过电网"，孩子们要在团队配合下，尝试几十次才能完成任务。一开始胡豆还是和大家在一起，到了第十几次失败后，胡豆突然满头大汗，表情痛苦的来找我说："老师，医生说我是得了阑尾炎，我肚子真的好痛，你带我去医院吧。"

我一听阑尾炎也急了，连忙找到随队医生确认，原来刚才医生给胡豆看的时候，听到胡豆描述的症状，就说了句有点像阑尾炎，但是用手触摸孩子肚子的时候，发现只是一点点涨，不像阑尾炎的病状，就让胡豆再回去观察一下。没想到胡豆记住了“阑尾炎”这几个字，恐慌地跑过来。

我意识到，虽然我帮胡豆做了负责任的链接，但是胡豆运用身体生病的记忆还没有反转，要改变这种状况，只能心病还需心药医。我带着胡豆再去找随队医生，医生很“认真”帮胡豆做了全面检查，又按了按肚子，轻描淡写说了句：“没什么问题，肚子不舒服就是吃多了。你这身体棒棒的，一点问题都没有！”

听到这儿我用力拍了胡豆一下：“太好啦，医生说你这身体绝对棒棒的，一点问题都没有。”

我说完这句话，胡豆从原地一下子蹦起来，跑回小组坐到了最前面。而且，从那时开始，胡豆的身体再也没有不舒服了。

咨询手记：

包丰源先生写的《心转病移》，大家可以看看。书中就讲述了人体很多的疾病都和情绪有关，生活中像胡豆这样，用身体生病来逃避的孩子很多。比如有些小朋友不想上幼儿园，他们会感冒、发烧、不停地咳嗽。这种情况一出现，家长心疼孩子，就舍不得孩子去幼儿园了。

当一个孩子习惯放弃和逃避时，他会运用身体各类不舒服来达到目的。孩子身体不舒服是真的，生病也是真的，只是当我们看清楚孩子的内心不舒服，并愿意面对和解决时，身体不舒服就会得到缓解。作为家长更需要的是陪伴和鼓励，和孩子一起。

和更负责任的自己连接：

1. 先处于放松，与潜意识连接状态。站在原地，去感受此时这个自己在不负责任时内心那份逃避和不舒服。

2. 去想象未来那个更成熟、更有能量、更负责的自己就站在对面。他是什么样的表情，穿着什么样的衣服，他在看着你吗？你喜欢他吗？

3. 看着对面那个更负责任的自己，试着向他提出一个问题，然后慢慢走向那个更负责任的自己，站在他的位置，转身成为他。

4. 站在“更负责任自己”的位置上，体会他的感受，去感受更负责任的自己想对你说什么，如果有一句话是他送给当下的你的，他会说什么？

5. 慢慢往回走，回到“当下的你”的位置，去感受当你听完“更负责任的你”说完那些话的感受。如果有一句话是给未来自己的，你最想说什么？

这个练习非常灵活，说得简单点就是两个位置的换位思考，我们可以把任何对象放到对面，比如不理解自己的父母、刚吵完架的同学、想要建立关系的合作伙伴、未来更智慧的自己，甚至不喜欢的学科，等等。这个练习可以请人帮我们做，也可以自己做。身体的感觉是奇妙的，带给我们的智慧也是意想不到的。

多子女家庭，问题都是父母折腾出来的

赵小菲是个两个孩子的妈妈，大女儿 15 岁，小女儿 9 岁。用赵小菲的话讲，平时大女儿住校的时候，小女儿经常念叨姐姐，可是每周末大女儿回来，两个姐妹就经常会为一些小事吵得不休。每次两姐妹争吵时，都会来找妈妈评理，可妈妈无论怎么解决，大女儿和小女儿都会说她偏心，赵小菲说她实在是没办法了，想请教一下我，如何在两个孩子之间一碗水端平？

赵小菲在课程里提出的这个问题，引起了其他多子女家长的共鸣。大家都说现在的孩子太难带了，老大老二都有自己的想法，意见很难统一。比如买东西，少买一个他们就说你偏心，想想我们那一代人小的时候，家里穷哪里给的了那么多，衣服都是老大穿完给老二穿，老二穿完，缝缝补补再拿给老三。

“现在经济条件好了，孩子反而娇气了。”

我笑着说：“不是孩子们难管了，而是我们做大人的管的太多了。”

我问现场的家长：“我们小时候家里兄弟姐妹多的，遇到了争吵，父母一般会怎么办？”

“我们那一代的父母哪里有时间管我们吗？天天辛苦赚钱，能让一家老小活下去就不错了。”

“我们那时候一般都是大的管小的，小的管自己，兄弟姐妹间如果有了矛盾，也都是自己消化，内部解决了。”

“我给回答的两位学员点赞，说的太对了！就是因为我们小时候朋友多，兄弟姐妹多，所以我们有很多打架、倾诉、和解的空间。小时候我们和很多孩子一起，常在户外玩耍，甚至从妈妈喊我们回家吃饭的语调中都能分辨，是需要马上回家，还是可以多玩儿一会儿。现在孩子大部分什么状态呢？每天上学放学两点一线，就算是有个周末，也都被各种学习班占满，表明上我们看到孩子有很多的丰盛物质，实际上他们内心却是孤单的紧呢。”

我让赵小菲邀请两个学员作为她女儿的代表，一个代表她大女儿，一个代表小女儿。当代表她小女儿的那个学员靠近赵小菲时，代表大女儿的学员表现出一丝嫉妒。于是我问赵小菲：“日常生活中，如果姐妹俩争吵时，一般情况下你怎么处理？”

赵小菲：“我跟姐姐说，得让着妹妹。”

接着我就去问小菲大女儿的代表：“听到妈妈这样说你有什么样的感受？”

大女儿代表：“我很生气。凭什么我就得让着她啊。”

我又问：“小女儿有什么感觉？”

小女儿代表：“我感觉姐姐就应该让着我。妈妈说的对。”

赵小菲说：“姐姐年龄大，让着妹妹是应该的。”

我让赵小菲先停下来，重复她的那句：大的让着小的就是应该的。真的应该吗？很多时候在父母调节下的多子家庭问题就出现在这里。

我继续和赵小菲讲：“等会我们下课的时候，你不能出去吃水果，让给别的同学可以吗？”

“为什么？”

“因为今天水果量少，你是老学员，应该让着点新学员。”

“凭什么啊？”赵小菲脱口而口，全场哄堂而笑。

“是，凭什么啊？在我眼里你是老学员，可在你心里你和大家一样，都是学员。”

“在你眼里，大女儿年龄大应该让着妹妹，可是对姐姐来说她觉得自己和妹妹一样都是你的孩子啊。”

我们一代代都是这样过来的。那我应该怎么说？赵小菲迷惘了。

来，我们测试一下。

我让赵小菲和“大女儿”说：老大，恭喜你有兵了。以后妹妹归你管，妹妹不懂和不明白的，你负责教会她好吗？

说完，我问“大女儿”什么感觉？

感觉很舒服，当你说我有“兵”的时候，感觉自己好有权力呀，妹妹归我管，那我可得管好了。

接下来我让赵小菲再说：“你是爸爸妈妈的小帮手，你把妹妹带得那么好，谢谢你老大，有了你，我们感觉特别幸福。”

再问“大女儿”有什么感觉。

“大女儿”有点感动，感觉自己很有用，更有想把妹妹照顾好的责任。

接着，我陪着赵小菲再来到“小女儿”面前。

告诉“小女儿”：“姐姐大，你小，你应该尊重姐姐。”“你很幸福，除了爸爸妈妈爱你之外，还有一个姐姐这么爱你。”

问“小女儿”听到妈妈这么说，有什么感受？

“小女儿”说：感觉自己应该尊重姐姐，有一个姐姐很幸福。

做完这一场模拟对话，赵小菲明白了，以往所说的，姐姐应该让着妹妹，在孩子的世界里，他们并不懂得这种应该是长幼有序。但我们教会孩子学会尊重和感恩时，孩子自然而然地去向和睦。

咨询手记：

现在的孩子同我们那个时候相比，家庭氛围不一样，孩子内心安全感也不一样。60、70后的多子女家庭，大多数父母太忙，没有精力管孩子，基本上都是老大带着老二，老三。老大很容易被父母信任，指派，拥有权威性。现在的二胎、三胎家庭，多半是条件好了，老二、老三基本上是含着金钥匙长大的。作为家中的老大，亲眼看着父母那么宠爱弟弟妹妹，内心的缺失很容易引起安全感不足。所以这个时代，很多家里的老大，不再是承担，负责任，而是胆小，自卑和没有安全感。

久而久之，如果老大在弟弟妹妹面前，长时间没有建立起“权威”性，很容易错位成那个受伤、逃跑的小孩子。亲爱的家长们，在每一个家庭系统中，老大就是老大，老二就是老二，家长一定掌握好分寸，平衡孩子间关系，不要因为哪个孩子更加聪明，机灵而关系错位哦。

您只是我的老师，不是我的爸爸

邵小静，女，18岁。高三上半学期开始辍学在家，理由是不喜欢学校老师，自从跟班主任大吵一架以后，再也没有去过学校。小静的妈妈焦虑万分，带小静来咨询。小静和妈妈进门那一刻，我有些错愕：明明是母女二人，可我怎么都分不清楚哪个是小静，哪个是小静妈妈。

聊了几句后，我确定了有些羞怯的是小静妈妈，而那位面容冷峻，眼神中透着拒绝的是小静。

两个月前，小静在同学面前被爸爸狠狠地打了一顿，自从那件事之后，小静整个人的性格都变了。我问小静妈妈和爸爸的关系怎么样，小静妈妈说跟小静爸爸离婚了，也可能是孩子知道了这个事对爸爸非常排斥。

和小静妈妈聊过半小时后，我来到小静面前，她冷冷地看着我，说："我没病。"

"谁说你有病？"我反问。

“你们做心理医生的，看谁都有病。”看得出小静对我充满抗拒。

“你要是来看病的，我这里还真看不了。”我坦诚相告。

“那你这里能看什么？”

“聊天，喜欢聊天吗？”

“不喜欢。”小静道。

“也许，你不太习惯和别人聊天。”

“能不能告诉我，为什么不开心？”我又问。

小静沉默了，一会儿回答我：“我没有什么可开心的事。”

“和爸爸妈妈的关系怎样？”看得出，小静对我的抗拒没那么深了。

“和妈妈还行，我讨厌我爸。”小静说，“我爸打我，打得还挺狠，重要的是还当着同学的面打我，有两次我这辈子都记得。”

小静告诉我，第一次爸爸打她，是在同学家，那天她没有上学，爸爸冲到同学家里，把她揪出来，当着同学的面，狠狠扇了她两个耳光，那天她哭着跑回家，把自己关到房间，整整一天没出门。

第二次，小静谈恋爱。和男同学一起逛街，商场里刚好与爸爸撞个照面，爸爸看见小静和那男同学手挽手，疯了一样冲过来抓住小静男同学的领子就是一顿打，用小静的话说，那时候她爸爸不是人，是个疯子，是个低俗、野蛮、毫不讲理的疯子。最后小静的男同学被打得满脸是血，进了医院。

从那天开始，小静没有和爸爸再说一句话。

看得出，小静对爸爸很抗拒，她记得每一次爸爸打她的细节，聊起这些时她很冷漠。

聊完小静的爸爸，我们再聊她的学校、同学，还有老师。我发现，小静非常讨厌而且和她有过争吵的那个班主任是名男老师，用她的话说，她特别讨厌那个男老师，他喜欢找她的毛病。

我让小静找一些词语来形容这个男老师，小静说了几个词。我让她对照：在你身边还有谁也适合这些词来形容。

“我爸？”小静想了想，很是意外。

我告诉小静，出于对爸爸的不满，她把对爸爸的评判和否定，甚至攻击，都投射在像爸爸的人身上。对，所谓投射就像是个投影机，把画面投射出来，到任意一块放映布上。小静所遇到而且起冲突的很多男性，都有她爸爸的影子。

小静似懂非懂，我继续带着小静去觉察：你不是讨厌男老师，是讨厌所有男人身上跟爸爸一样的感觉，你去想想，在以前的生活中，不光是男老师，还有男同学，男性班级干部，会不会他们让你有被管理，有压力的时候，你都讨厌他们。

“是。”小静认真地回想一下。

“如果我们对爸爸内心充满愤怒，我们就会容易对男老师，男同学产生距离，尤其是男老师男同学无意间做了和爸爸一样的事情或者说了一样的话，我们就很容易跟他们产生对抗和冲突，这个世界上有那么多像你爸爸的男人，你怎么办？”我问小静。

“大不了躲着他们，不来往呗。”小静说得很轻松。

“躲着？”

我让小静自己去想，按着她的想法，她以后想做女强人，做女企业家，算一算现在的大趋势，是男老板多还是女老板多？用她的想法，只跟女老板做生意回避男老板，真的回避得过来吗？

小静沉默不语，过了一会儿问我：“那我该怎么办？”

“来，我们做个收回投射练习。”我慢慢拉起小静，带着她起身做练习。

做完练习，小静说：“我感觉那位男老师没那么烦了，同时对他还有些歉意。只是以后如果再有冲突怎么办啊？”

我问小静：“爸爸和爷爷奶奶的关系怎么样？”

小静说：“不好，爷爷脾气暴躁，爸爸小时候没少挨打，听说最厉害的一次是爷爷把爸爸的手指都打骨折了。”

“所以，爸爸很小的时候也没被他父母温柔对待。”

“是。”

“你心疼爸爸？”

“不知道。”

“在爸爸打你这件事上，你除了看到爸爸的愤怒外还有别的吗？”

“别的？”

“我有看到一个男人的脆弱，他有多恐惧他的女儿受伤，她的女儿被骗，在恐惧之下他选择了不恰当的处理方式。”

小静没有说话，低下头。

“你可以不理解他，你也可以指责他，你还可以看到，他是一个多么不会和人沟通，很想表达爱，却把一切弄得那么糟糕的父亲。”

“老师，我不知道怎么和我爸沟通。”

“爱他，用你最想要的方式爱他。告诉他：爸爸你这样对我我很受伤，爸爸，我想和你好好说话。”

小静的眼泪掉下来：“是，我和我爸都是不擅于表达的人。”

“小静你知道吗？生活中有一些孩子，他们的爸爸习惯性打人，而孩子知道爸爸心里有很多压抑的东西不能表达出来。当爸爸有家庭暴力的时候，这些孩子感受到爸爸内在的那些无助、脆弱。然后他们就会从父亲那儿接过这些感受。这就是为什么有一些孩子他会配合父母的暴力：爸爸你来打我吧，这样你会不会好受一点，这是一个孩子能为爸爸做的。

我告诉小静："下次爸爸再想打人时，你可以尝试按下暂停键。"

"暂停键？"

"是，在爸爸发脾气之前，尽可能减少语言上的冲突，暂时回避。可能爸爸当时的情绪很大，我们退一步，既可以保证自己不受到伤害，又可以给爸爸一定空间，等他情绪平复后，就可以冷静地去看这件事了。"

"我试试，"小静说，"老师，我觉得爸爸也应该来做心理咨询。"

"好啊，你可以建议他。"我笑着回答。

咨询手记：

很多初高中学生之所以会讨厌老师，并非老师做了什么，是老师说出的话和对待孩子的行为，很容易让孩子联想到父亲和母亲。孩子对父母的不满无法表达，很容易在和老师的互动中将心中的不满"投射"给老师。甚至有很多孩子把对父母的愤怒转移到老师身上，孩子用逃学、旷课来对抗老师。这是家长和孩子没有觉察的。

家庭模式练习：

一、在一张白纸上写下曾经你爸爸或者妈妈是怎么对待你的。也许你会写下好的词语：关心、爱护、理解。当然你也会写下一些负面的词语：指责、抱怨、批评、辱骂，等等。

二、接下来换一行，继续写：现在你是怎么对待你的孩子的，你也可以用一些词语表达。

三、再接下来，换一行继续写下：其实我是这么对待我自己的。

如果你认真做了这个练习，我相信你会有一定会有意外的觉察。是的，父母是怎么对待我们的，我们就会怎么对待我们的孩子，也会用同样的方式对待自己。那么为何要让那些不好的循环再继续呢?

收回投射练习：

闭上眼睛，去想象你心中被你投射的人就站在你面前，看着他的样子，以及他的表情，感觉他有什么话要对你说。接下来可以试着在心里说出下面的话：

亲爱的××，您只是我的老师，您不是我的爸爸。

您给不了我对爸爸期待的部分，您只能给我老师能给我的。

现在，我带着尊重，把放在您身上的那部分投射收回，从现在起，您只是我的老师，我只是您的学生。

然后轻轻弯下腰，去想象着自己原本投射在对方身上，那些不属于对对方的期待和指责，统统从对面人的身上收回，感觉有些不属于对方那个人身上的感受，统统飞到我们的背后。

当我们把放在对方的期待收回时，也就还原本来的关系。

这个练习很简单实用，而且有效。

孩子，这不是你的错

小凉，14 岁。小凉妈妈未婚生女，把小凉生下以后就交由姥姥姥爷抚养。姥姥姥爷经营着一家咸菜摊，平日里要打理生意，顾不上小凉。

前段日子小凉妈妈回去看小凉，带小凉去超市的时候，发现小凉看超市老板的眼神不对，老板看见小凉妈妈也很尴尬。回来后，在小凉妈妈的追问下，小凉说出了一个惊人的秘密：超市那个年龄比小凉姥爷还大的老板，猥亵过她。

小凉妈妈把小凉带到这里，并告诉我，她已经报警，超市里那个该死的老板已经被警察带走，只是对于小凉这块，她不知道要怎么做，希望我能帮助她。

我看见小凉，才 14 岁的年纪就一脸成熟，她化着浓浓的妆，歪着头，嘴里嚼着口香糖，目光漠然地看向窗外。

我请小凉妈妈给我和小凉一个单独的空间。小凉看见妈妈走出去的背影，露出一丝奇怪的笑。和小凉的聊天中，我惊讶的发现，小凉一点都不恨那个超市的老板。“起码他还给我买衣服，给我钱花，”小凉如是说。

对于妈妈，小凉评价她“就是个魔鬼”。小凉说妈妈很少回来看她，每次回来都带着不同的男朋友，要是看到小凉成绩不好，或者听到姥姥数落小凉的不是，小凉妈妈都会拿起衣架，劈头盖脸地往小凉脸上、身上打。有时候一边打，一边用世界上最难听，最下贱的语言骂小凉。小凉说：“妈妈骂我最多的话是贱种，是，我要是贱种，她就是贱货。”

我问小凉在她过去生长的经历中，有没有让她感觉开心的事。小凉摇头：“如果我可以选择，我不要自己被生出来。”

我慢慢的把手伸向小凉，轻轻地搭在她的肩膀上，她怔了一下，没有躲开。我再试着顺着她的头发，抚摸下去，一边摸着她的头发，一边轻声说：“小凉，我很心疼，这不是你的错。”

小凉故作无所谓的样子，回了一句：“没什么好心疼的，活该就是贱命一条。”

“不是的，你是一个好孩子，这不是你的错。”

小凉的眼泪“刷”地一下夺眶而出，她慌忙的站起来，躲到一边对我挥挥手：“老师，您可不可以别煽情，我不吃这一套。”

“你是个好孩子，你已经很努力很努力了。”

“你别说了行不行?!”小凉的眼泪开始吧嗒吧嗒往下掉。

我走过去，揽着小凉的肩，小凉“哇”地一声哭出来，我抱着小凉，她的身体是僵硬拘谨的。我摊开手掌，放在她的后背，慢慢的抚慰着她，在小凉哭的时候我引导她说一些话：“妈妈，我讨厌你打我。妈妈，我还只是一个孩子，我想你多陪陪我。”

说到“我想你多陪陪我的时候”，小凉开始嘤嘤地哭，像个孩子。

后来，小凉把内心的委屈释放一些，她开始渐渐柔软下来，不再是那个倔强地，硬撑着的小女孩，而是流露出脆弱、无助、不知所措。

小凉告诉我，在学校里她没有朋友，大家都瞧不起她，没有人愿意跟她做朋友。

“他们为什么瞧不起你。”我问小凉。

小凉说，因为她是私生女。

小凉把“私生女”这三个字结结实实扣在自己的头上，她认定自己很差，认定自己没有资格和别人做朋友，连同妈妈说的“贱种”，小凉也把它做成标签，贴在自己身上。

我跟小凉说：“我读初中时，人特别笨，学习也不好，如果那个时候你遇到我，你会和我做朋友吗?”

“会，”小凉说，“我不看这些的，对我好的人，我都会当她是朋友。”

“所以小凉，关于‘私生女’‘贱种’都是你给自己贴上的标签，也许别人并不会这么看你，你说对吗？”

小凉没有说话，撇撇嘴：“反正我是个没人要的孩子。”

“妈妈很爱你，姥姥姥爷也很爱你，只是大人有时候也不知道怎么去爱一个孩子。”

我说到这里，小凉的眼泪又滑下来。

“也许妈妈在姥姥那里也没有得到过完整的爱，你同意吗小凉？”我继续道。

“是，”小凉点点头，随即又不同意：“那她就能打我吗？”

“所以，你愿意教会妈妈用你喜欢的方式来爱你吗？”

“哼，可能吗？”小凉似乎不太相信。

“你相信，就有可能。”我拉着小凉的手，这一次她没有逃开。

后来，小凉主动和我提起超市那个老板。一开始小凉去超市，超市老板对她没有过分的举动。小凉喜欢去超市，原因是在超市买东西的时候，老板总会顺手给小凉几块糖，然后问小凉学校有什么事发生。几毛钱的糖果可能很难俘虏一个少女的心，但对小凉不同，从小到大，几乎没有人像这样好奇小凉的生活，问小凉喜欢什么，甚至告诉小凉女孩子不要抽烟喝酒。

“小凉你觉得那个超市老板如果像你身边的一个人，他最像谁？”

“像？我想象中的爸爸。”

“当你觉得他像爸爸的时候，你最希望爸爸怎么对你？”

“如果有我一个爸爸，我希望爸爸多陪陪我，抱抱我。”

后来在和小凉的聊天中，我明白，她渴望父亲的拥抱和抚摸，而超市老板的猥琐举止，她虽然觉得不舒服，同时从小对爱的匮乏和对父亲、异性的渴望，让她不知如何是好。而身边没有母亲的陪伴和姥姥姥爷顾不上小凉的疏忽，才让小凉有这样的经历。

和小凉聊完之后，我告诉小凉的妈妈，无论她以什么理由把小凉交给姥姥和姥爷抚养，对小凉来说，她都需要一个在生活和心灵上的监护人。十几岁的女孩对异性和情感都没有清晰的认知，这个时候如果遇到坏人，或者被人误导，孩子很可能会付出沉痛的代价。

那份缺失的母爱，该回归了。

几天后，小凉妈妈打电话给我，她做了一个决定，从外地搬回来，和小凉一起住。也许大家很久没在一起生活，相处得不太舒服，但是我那句话说到她心里去了——当你把一个孩子带到这个世界，就有责任尽到做母亲的义务。

咨询手记：

很多家长注重孩子的学习和身体健康，而忽略了青春期孩子的心理需求。我有个朋友经常把手机拿给女儿玩，他的女儿十二岁，有一天他有事出门，直接从女儿手中把手机要过来，可是当时手机屏幕上的内容差点让他崩溃——手机里正播放着性虐待的视频。我那个朋友一下子懵了，生起一股难以控制的羞愧和愤怒。他紧紧攥起拳头，想要打女儿，又实在不忍心，最后就把手机、电脑、IPAD，家里所有的电子产品统统摔在地上砸得粉碎。

女儿被眼前发生的一切吓呆了，躲在房间里，身体止不住地发抖。我这位朋友意识到自己的行为伤害到女儿，他又不知道怎么办。他的妻子也被眼前发生的一切吓呆了，这一家三口，像是三个不知所措的孩子，谁都不知道下一步该怎么办。

朋友打电话给我时，我让他把电话给他的妻子，我说："现在，你去女儿的房间，坐在女儿的身边，抱抱她，你可以不断地和她重复一句话：孩子，这不怪你，你只是好奇，你是个好孩子。"

朋友的妻子照做了。后来他告诉我，当妻子走进女儿房间时，女儿的眼神带着恐惧，浑身发抖。妈妈抱着她告诉她这不是她的错，她只是好奇时，孩子“哇”地一声大哭出来。

是的，她只是一个孩子，她只是对她不知道的世界好奇，如果有什么需要纠正的，那也只是当孩子错误地打开一扇窗时，我们做父母的有没有保护好他们的心灵。

孩子，我看见你了！

虞可儿，17岁，高中二年级。用虞可儿妈妈的话说这孩子在校情况是“三天打鱼，两天晒网”，每天早上是否去上学，完全看心情。起床晚了，不去。有黑眼袋，不去。作业没写完，不去。阴天下雨，不去。还有一年就要高考了，虞可儿妈妈只要跟女儿一提起高考的事，女儿要么把耳朵堵上，要么“啪”地一下，把门一摔，将自己关进房间里。虞可儿妈妈实在受不了女儿这种状况，来咨询。

虞可儿妈妈坐在我对面，她一直不停歇地讲述女儿从初中到高中这三年的“斑斑劣迹”。我注意到虞可儿妈妈所有的表述都是女儿行为层面的，比如虞可儿初一那年把自己关在房间里玩了三天手机而不和妈妈说一句话，她气得当着虞可儿的面，把手机砸碎，扔进垃圾桶。高一那年虞可儿考了全班倒数，她三天没有跟虞可儿说话，并告诉她，考不上大学，妈妈不会给她一分钱。前几天看见虞可儿吸烟，她当众扇了虞可儿四个嘴巴，从那天起，虞可儿再也没管她叫过妈。

我有好几次想抓住虞可儿妈妈描述的某个关键点，希望陪着她看到孩子情绪背后的隐藏动力，可话刚出口，就被虞可儿妈妈抢过去。她对女儿的焦虑、愤怒、无奈、委屈种种情绪夹杂在一起，压抑太久的她，根本停不下来。

这是我第一次见到一个妈妈描述女儿的种种过错，讲到一个小时还停不下来。既然叫不停虞可儿妈妈，我就认真地聆听，直到她突然停下来问我："老师，您怎么都不说话？"

我笑了，很直接地告诉她："我能感觉到您身上那种扑面而来的焦虑，就像有一个高压锅在我身边马上就爆炸了。"

虞可儿妈妈笑着说："是这样的，我也觉得自己焦虑，再不来咨询我真的要疯掉了。"

"你说，你说，她就是不学习，我能怎么办？"虞可儿妈妈问。

"事实上她真不学习，您也没办法。"我说。

"那不行啊，她现在读高二，人生最关键的时候，以后考不上大学人生不就完了吗？"

"您只看到学习，并没有看见您的孩子。"

"我怎么看不见孩子呢？如果不是我每天盯着她起床，写作业，上学，怕是她早就被开除了。"

"您只看到孩子偷懒、不上进、成绩下降这些行为，并没有看见那是一个鲜活的生命，她每个行为背后都有渴望被理解和被接纳。这一刻我感觉不到妈妈对女儿的爱，更像是教导主任对犯错学生的批评和警告。”

虞可儿妈妈有些不高兴，她问我：“孩子读高中了，马上就考大学，作为父母为孩子着急有错吗？对孩子学习抓紧些不可以吗？”

“您做的当然没有错，我只是希望您能看见，孩子的厌恶的不是学习，而是和您的关系，我完全可以猜到，您和孩子说话时，孩子是不喜欢听的。”

“对，我一说话她就捂耳朵，嫌我烦。”虞可儿妈妈叹了口气。

“所以您要解决的不是孩子和学习的问题，而是孩子跟您之间的问题。在您所有描述女儿的话语中，我没有听到过一句欣赏，接纳和理解，我听到的都是焦虑、指责，愤怒。当我们带着这样的情绪去面对孩子时，孩子肯定是抗拒的。”

“那你说我怎么办？”

“我们慢下来，一点点来好吗？”我试着带着虞可儿妈妈从另一个角度去看她们亲子关系出现问题的关键点。

首先，虞可儿妈妈说到虞可儿在初一那年，把自己关在房间里玩了三天的手机。我好奇的是虞可儿初一那年家里发生了什么事，让一个孩子在手机的世界里面寻找安慰。要知道当一个人的情绪积累到一定程度，或者压抑到无法承受时，他就会试着寻找一个释放情绪的出口，而手机对很多孩子来说，是一种心理解压的渠道。

虞可儿妈妈开始回想那段日子，眼泪突然一下子涌出来，她说："我记起来了，那一年我跟她爸爸刚离婚，为了活出个人样儿，不让别人瞧不起，我每天都早出晚归做生意赚钱，那段日子我几乎没怎么陪过孩子。"

"这就是了，离婚对于成年人来说，只是不合适的两个人分开生活，但是对虞可儿来说，她的家没有了。离婚后虞可儿跟你在一起，那就意味着爸爸从她身边离开，而这个时候你拼命的想去赚钱，没有时间陪伴虞可儿，也许，在孩子的内心里，妈妈同样是抛弃了她。一个内心痛苦的孩子依靠什么活下去？她只能躲在手机里释放她的无助和恐惧。"

虞可儿妈妈哭得更厉害了："是的，我把她手机砸掉的时候，她说她什么都没有了，她恨我。老师你这么一说，我才想起，我女儿那时候内心是很痛苦的。"

"所以，如果我们懂得看见虞可儿那个时候的恐惧和无助，我们的陪伴、拥抱远比摔手机有力量的多。还有，虞可儿初二那年没有考好，其实最难受的不是我们，而是虞可儿自己。在孩子最难过的时候我们没有理解孩子，而是三天没有跟孩子说话，并且威胁孩子，如果她考不上大学，不会给她一分钱。孩子会不会有这样的感受：我妈妈在乎的不是我，只是我的学习成绩。如果学习成绩是用来衡量她是不是好孩子的标准，虞可儿还会喜欢学习吗？”

“我们再说虞可儿吸烟，一个内心幸福快乐的孩子是不会爱上吸烟的，我们应该好奇的是虞可儿吸烟这个行为的背后她想表达的是什么？而且青春期的孩子最要面子，不管是什么理由，妈妈当着孩子同学的面去打孩子的耳光，这本身就是对孩子最大的攻击，也是最让孩子自尊心受挫的行为。我打个比方，就算是一个成年人，被当众扇耳光的那一刻又有什么样的感受？”

我说到这里，虞可儿妈妈懊恼地责怪自己：“老师你说得对，我确实从来没有真正看见过我的孩子，我只是凭着我的情绪去养孩子，完全没有意识到自己的行为会对孩子造成多么大的影响。”

我让虞可儿妈妈回去做一个功课，想要和孩子沟通时，把嘴闭上，只是看着孩子，什么都不用说，单纯地看见这个生命，在心里默念：孩子，我看见你了。

透过这份注视，带着嘉许和欣赏的目光去看女儿她也很努力，她也很想考好，她也很想被爱，她好渴望被理解。

虞可儿妈妈回去以后，用心去做了，她告诉我，她感谢这份“看见”。曾经她一直以为这么多年的辛苦奔波，都是为了女儿，可透过这份“看见”她才明白，这么多年她最缺少的是对女儿的陪伴。

咨询手记：

每个孩子都希望被父母“看见”，但很多家长就像虞可儿妈妈，看见的只是孩子的行为、成绩。而没有看到孩子努力、用心、恐惧、无奈。在课堂里，“我看见你了”是家长体验必做的一个练习，很多父母第一次那么用心地去“看见”自己孩子的时候，泪流满面。

“看见”练习：

去想象你要链接的那个人就站在你面前，想象他站在你对面的样子。关闭头脑中的思维，去用心感受这个人就站你面前；你看到的不是他的行为，而是行为背后那个鲜活的生活，你看到他的孤独，他的努力，他的不容易。我相信当你真的静下来，从心里完完整整去看见这个人时，一定会看见更多原本看不见的东西。

给孩子一个青春期的仪式

洛小米，12岁，女孩，孤僻、不爱讲话。小米家境条件良好，父母都是高管，工作太忙，12岁的小米就由外公外婆抚养。有一次小米同学的家长给她妈妈打电话，说听自己孩子讲，小米最近在网上做裸聊视频主播，孩子说，他亲眼看到小米在视频里一丝不挂的样子。

小米的妈妈是打来电话咨询的。当她听到女儿在网络视频裸聊的事件后，再也坐不住了，马上打电话问我："老师，我要不要找孩子聊一聊？"

我说："怎么聊？我们确定这个事件是真的吗？我们亲眼看到孩子裸聊了吗？我们很直截了当地告诉孩子，你这样的行为是不被允许的，然后呢？然后我们如何确保孩子不会再继续裸聊呢？"

小米妈妈说："我不知道。我感觉自己要崩溃了，这孩子的一生不是被毁掉了吗？"

我问小米妈妈："你想过没有，孩子裸聊的动机是什么？"

"她缺钱吗？"

"不缺，我和她爸爸收入都不错，她想要什么基本上我们都会买，这孩子也不乱花钱。"

"她缺爱吗？"

"好像也不是。她在外公家很受宠，一家子把她当珍珠一样手心里捧着。"

"那你们呢？"

"我们工作太忙了，就是顾不上孩子，就一直外公外婆带着。"

"孩子缺关注。"

我猜测，小米是个有亲子关系中断经历的孩子，外公外婆再好，代替不了爸爸妈妈，尤其是12岁的女孩正值青春期，最需要的是好朋友、可以陪伴并且懂她的人。

有很多懂得教育的家长，会在女儿青春期时，让妈妈和女儿成为朋友，做女儿贴心知音，爸爸作为女儿的保护者，让她感受到被父亲保护的安全感。

那么听小米妈妈讲，小米性格内向，是没什么朋友的，跟外婆隔了一代，成为朋友的可能性不太大，这种情况下，小米也许有了透过网络寻找朋友的念头。

小米妈妈问我怎么办，她觉得有必要跟孩子聊一下。

我说当然要聊，而且要有仪式感地聊。

先选一个特别的日期，比如假期、节日、周末、生日都可以，只要这个日期有特点，然后只有妈妈和女儿两个人，可以选一个咖啡厅，或者在家里，绝对安静不被打扰的空间。妈妈可以先做个“定向”：孩子，现在你开始进入青春期了，或者孩子你马上就几年级，多少岁生日了。这会在身份归属上给孩子全新定位，她长大了，她跟小时候不一样了，她将经历人生很重要的青春期。这个时候，妈妈的认真和仪式感也会引起孩子重视，她会好奇妈妈这么认真的态度想要表达的是什么。

你要相信，妈妈有多认真，孩子就会有多认真。接下来妈妈可以聊聊自己的青春期，包括也喜欢过的男生，对网恋的看法，月经初潮的恐慌，等等，跟女儿有一样的担心，一样的期待，这是和女儿建立连接的最好方式。一段轻松的开场白过后，郑重地强调两个问题。你放心，说到重要的两个问题时，孩子一定会认真听。

第一个：你对这个世界认知还不够成熟，你需要一个教练或者朋友，当你做什么重大决定或者遇到选择，一定要和你自己好闺蜜去探讨，和你喜欢的老师聊聊，更重要的是让妈妈知道。妈妈不一定会阻止你，但是听听妈妈的建议对你这个年纪真的很重要。

第二个：保护好自己的心灵和身体。女孩子的身体无比珍贵，心灵非常柔软，这个世界有光明和美好，也有罪恶和黑暗。如果你发生了什么事情，有担心和害怕一定要告诉妈妈，因为万一你出了什么事，最心疼和最自责的一定是妈妈。妈妈会觉得没有理解你，没有保护好你。

当然，也可以讲一些容易发生在女孩身上的犯罪，最好是以讲故事的形式跟女儿聊聊，不用太刻意地含沙射影，现在的孩子都聪明得很，如果感觉到你在讲“有教学目标的”故事，她们是很反感的。

做完了这些预警和心锚，你的孩子就会知道妈妈的用心良苦，同时如果伴随着你送给孩子的一份礼物，就更有仪式感了。什么样的礼物呢？比如一支口红，一本青春期女孩的秘密书，一条漂亮的手链。让这次谈话显得更加隆重些。只要你用心去做，孩子就一定能感受到妈妈那份深情的爱。

很多人会觉得孩子十八岁时应该有个人成人礼，孩子的青春期更需要仪式感，因为青春期是一个孩子走向成年独自探索的旅程，它比十八岁更加重要。

做完了仪式感的交谈，还要做生活中的调整。洛小米之所以会在网上聊天，是在生活中关注她的人太少，生活中的孤单和寂寞会促使她到网上寻找热闹和喧嚣。当她开启视频的那一刻也许会有迷茫和羞耻感，但是被赞美，被关注，被期待的渴望，就像是一种更大的诱惑，让她欲罢不能。

如何从网络中把孩子拉回来？我是建议洛小米妈妈把孩子接回家的，也许对成年人来说，忙于事业赚钱很重要，可是我们那么拼命的努力工作的结果，不就是为了使家庭更加幸福吗？

试想一下，即使赚到了再多的钱，孩子教育出了问题，孩子的人生出问题，也毫无意义。

洛小米妈妈说她也有把孩子接回来的想法，问题是接回来的下一步怎么办。

两点，一和女儿做朋友，把亏欠女儿的陪伴都补上，这个功课爸爸妈妈都要做。二鼓励女儿走出去，交朋友，洛小米这个年纪的女孩，如果没有闺蜜，是一个很危险的信号，表明她在关闭跟这个世界的连接。所以多跟孩子聊她的同学，对她的生活感兴趣，甚至可以邀请孩子的同学到家里作客，当爸爸妈妈用自己的方式告诉孩子，你的朋友很重要时，孩子自然而然对家就有了更深的归属感。

咨询手记：

两个月后，小米妈妈打来电话，她说太神奇了，当她和女儿成为好朋友的时候，对女儿反而没那么担心了。尤其是女儿会主动把心里话告诉她时，她开始有了安全感，她相信随着她和女儿的连接越来越深，女儿真的遇到问题时，一定会告诉她。另外她特别观察女儿，没有发现女儿有裸聊的现象了。虽然她看到女儿以前登录过某色情网站的浏览记录，但是女儿回家后，再也没有登录过。

最让小米妈妈高兴的是，小米也有了新的朋友，她跟新朋友相处得特别好，两个人形影不离。我说当然，我们跟妈妈的关系，就是跟女人、女孩的关系，女儿跟妈妈的关系好了，自然跟闺蜜的关系也会好啊。

成人礼是我们在课程里比较常用的一个练习，用在明明已经是成年人，心灵空间还是停留在父母那里的“巨婴”，而仪式感的最大好处，就是让我们的心有个链接和宣告，将未完事宜做个了结。如果您家有16岁以上的孩子，建议我们可以当成一家人的小练习来给孩子完成一个成人礼。

成人礼练习：

爸爸妈妈一左一右站在孩子背后，想象正前方是孩子的未来。

爸爸妈妈各将一只手臂搭在孩子肩膀上，让孩子去感受来自身后爸爸妈妈的支持和力量。

爸爸和妈妈每人各送给孩子一句祝福的话。如：

孩子你长大了，妈妈相信你可以照顾好自己！

孩子，去吧，在爸爸心中你是最棒的！

孩子带着父母亲各自传递过来的能力，慢慢向前行。当他有力量走向未来的时候爸爸妈妈为他鼓掌。

我只是给自己按下了暂停键

夏美玉，16岁，女孩，高一学生。在学校里非常躁动并有无法控制的抽动，没办法安静地坐在教室。在老师和学校的建议下，夏美玉休学。

夏美玉的妈妈通过微信找到我，简单描述了夏美玉的状况：读小学时，夏美玉拿到过全校第一，进入初中也是班级的优等生，初二那年进入重点班成为学校重点培养对象，初三那年本来以为一定能考进重点高中，结果发挥失常进入普通高中。

从高一开始，夏美玉有身体抽动现象，也开始出现情绪高涨、激动，无法让自己安静下来，尤其是每次考试前一周，夏美玉更会因身体抽动过于厉害而无法上学。夏美玉妈妈带孩子去医院检查，诊断是中度抑郁。

时间很快到了我和夏美玉妈妈约定咨询的日子，早早接到夏美玉妈妈的电话，她说很抱歉，听朋友介绍，沈阳有家医院治孩子的抽动症特别好，她想带夏美玉去看看。

我说："先不要去，先到我这里来让我和孩子聊聊，我有一种感觉，孩子这种状态是在逃避什么。"但夏美玉妈妈忙着挂断电话，说从医院回来就带着夏美玉见我。

两天后，夏美玉一家三口前来咨询。

见夏美玉之前，我和夏美玉的父母先聊。能感觉得到夏美玉妈妈有些强势，每次夏美玉妈妈说起孩子的情况，中间有夏美玉爸爸加入进来想做些补充，夏美玉妈妈都会打断。

我问夏美玉妈妈："孩子是谁的？"夏美玉妈妈说孩子是她的，夏美玉从小到大都是她一个人带，爸爸基本上没怎么管过，言语中听得出对爸爸的怨气。

我问夏美玉爸爸妈妈："如果给你们夫妻间的亲密关系打分，能打多少分？"他们说60分。我又问："那咱们去回看一下，孩子状态最好的时候，你们的关系怎么样？孩子状态最差的时候，你们的关系又是怎么样？"

看到他们似乎没有听懂，我继续说："虽然和你们的沟通时间不长，但能感觉到你们之间的不亲密，彼此都有怨气，你们说这种情况对孩子有没有影响呢？""肯定有，"夏美玉妈妈说，"小时候我爸妈吵架的时候，我是特别难受的。"

所以我这里给夏美玉父母第一个建议是：回去以后，两个人各自用一个小时的时间，不带有任何攻击性地纯粹表达自己内心“感受”，以及对对方的期待，我期待你怎么对我。

夏美玉妈妈问我：“这和孩子有关系吗？”

“有，很重要。”

见到夏美玉，我觉得她跟其他厌学的孩子不太一样。她每天坚持跑步五公里，因为有家教在帮忙补课，对自己的成绩也不担心。唯一让夏美玉难受的，就是这抽动症状太可恶了，说来就来，严重影响她的日常生活。在和夏美玉聊天时，我也注意到，只要感觉有人看着她，她的身体就会情不自禁地抽动。

我问夏美玉有什么愿望，她双手举起说：“神啊，请把这个抽动症从我身上拿走吧。”看得出，这个抑制不住的抽动已经困扰她许久。

我问夏美玉，如果病症好了很想回学校吧？在学校里老师和同学一定都喜欢你，你那么优秀，简直就是个一百分的学生模范。

“我可不想做一百分，太累了，八十分挺好，”夏美玉很认真地说。

夏美玉的这句话，引起我的注意，我多问了句：“你身边有人期待你做一百分的孩子吗？”

“有，我爸妈一直都觉得我应该是一百分的孩子，可是我不想。”

我有注意到夏美玉说到一百分时，身体的抽动明显增加。

我再度尝试："去感受一下当你成为那个一百分的孩子时，内在有什么感受？"

"哎呀，我不要，那太难受了。"夏美玉的抽动加剧，这一百分的测试让她开始焦躁不安。

我引导着夏美玉："来，说说看，得了这个病有什么好处？"

"好处？"夏美玉瞪大眼睛："老师您是不是开玩笑呢？得了抽动症被人嘲笑，没有办法正常生活，还上不了学，这还叫好处？"

"再想想，你从这个症状中获益的是什么？"我依旧笑着引导。

"是什么？我不知道。"夏美玉一脸茫然。

"有了这个症状，爸爸妈妈就不会只盯着学习了，他们开始担心你，开始陪伴你，开始照顾你的感受。"

夏美玉笑了："好像是，但这样的解释也太夸张吧。"

我带着夏美玉找一个让自己舒服的方式让自己坐下来："孩子，把手放在胸口，跟你抽动的症状说句话。"

夏美玉把手放到胸口。

"去跟你的症状说：谢谢你，一直用你的方式保护着我。"

夏美玉一下子愣住了，她张了张嘴："老师，为什么我突然很想哭？"

“想哭就哭出来。”我让夏美玉去观察自己内心的感受，当你感谢这个症状用这种方式保护你时，你觉得它像什么？

“我觉得它像我的亲人，我的一部分。老师，现在我没那么讨厌它了。”夏美玉闭着眼睛，用心去感受和抽动的症状连接，这个时候她整个人身体放松很多，抽动明显减少了。

我让她继续和症状说：我知道你一直在保护我，你懂得我不想做一百分的孩子，就用身体出状况来配合我不能去上学的想法。

夏美玉突然一下子睁开眼睛：“老师，好像真是这样，但这绝不是我心里想的，我确实想回学校去的。”

“对呀，那你想不想让这个症状离开？”

“啊？那再等等吧，我有点舍不得。”夏美玉笑了，她说：“真的很奇怪，这就是大家说的潜意识吗？”

“是，你是个很聪明的孩子，你爱你的爸妈，不想让他们失望，同时自己又不想做一百分的孩子，就给自己按下了个暂停键。”

“太神奇了老师，我自己都不相信，但是为什么听到您说的那些话又很想哭呢？”

“这就是一个人心脑无法合一的矛盾，回去和你的症状好好相处吧，当你看到它对你的爱时，你们的关系就已经不一样了。”

夏美玉回去以后，抽动明显减轻了许多，偶尔特别兴奋时，抽动还是很厉害，不过她已经接纳了。

咨询了几次后，夏美玉的抽动症基本消失，不过她依然拒绝回学校，我问她为什么，她说怕成绩落下太多被同学笑。

“不会呀，你的成绩算是中等生，有什么可怕的？”

夏美玉说数学、英语成绩她是没问题的，但是物理就差得太多，她怕会考会不及格留级。

“待在家里光靠补习那不是更跟不上？”

“我不管，反正如果会考不过我就不活啦！”夏美玉靠在沙发上，双手掩面，语气中透着无奈。

我知道了她迟迟不肯回到学校的原因：一个曾经众人眼中的优等生怎么能接受留级的事实。虽然夏美玉轻描淡写地说她不想做100分的孩子，只想要80分，可是得过100分的孩子，更恐惧最后连80分都不保。

“如果考不过你就不活了？那我们现在就体验一下，真的考不上，你会选择怎样的自杀。”

“不是吧老师，您这么残忍？我不想体验，太折磨人了。”夏美玉极度抗拒我带着她进入那种感受。

“早晚要来的，你的梦想不是当军人吗？怎么一个未来的军人连体验感受的勇气都没有吗？”我用了激将法，夏美玉想了一下，同意了。

在半催眠状态下，我带着夏美玉进入内在恐惧的层层感受："假如没有考上你有什么感受？"

"我特别失败，觉得我很没用。"

"在这份没用的感受下，又有什么感受？"

"我觉得很自责内疚，对不起我爸爸妈妈，没脸见他们。"

"在这份内疚自责下又有什么感受？"

"我很无助，也很无力。"

"在这份无力无助下又有什么感受。"

"我尽力了，我没有办法了。不对！！我根本就没尽力，我还有办法可以解决。"夏美玉突然睁开眼睛看着我，"老师，我没有尽力，我不甘心。"

"是的，"我笑了看着夏美玉，"现在你还恐惧没有考上那种感觉吗？"

"不恐惧了，只要尽力了，就没什么大不了。"夏美玉挠着头很不好意思地说："现在觉得自己考不上就想法的想法特别愚蠢。"

接下来，我带着夏美玉做了一个"自我整合"练习，关于她只想在爸爸妈妈面前做好孩子，而不能让父母看到自己不够好。

做完练习后的夏美玉明显轻松了很多，她告诉我，会努力迎接考试，就算这次留级，也没什么，不过再复读一年，重点是她全力以赴就没有遗憾了。

咨询手记：

夏美玉的个体咨询做了四个月之久，她的状态由开始的逃避，无法面对别人对自己的看法，到轻松自信，有目标感，抽动症状也几乎没有了。我们做了很多功课，最感谢的是她有一个很好的爱好——跑步，每天五公里的跑步，这对夏美玉是很大的心理支持。也正是因为跑步中获得赢的体验，让夏美玉有一定的心理素质去为自己做功课。夏美玉的爸爸妈妈也很给力，在陪伴孩子重回学校的过程中，爸爸妈妈采取了积极配合的态度。比如建议妈妈放手，把决定权交给孩子，妈妈就真的能够做到放手，让爸爸多陪伴，多鼓励孩子，爸爸也能做到对孩子的鼓励和欣赏，这是一场全家在一起的冲刺，他们打赢了。

自我整合练习：

一、当事人深呼吸全身进入放松的状态。如果有支持者，可以和支持者面对面看着彼此的眼睛。

二、找到自己身上想让别人看到和不想给别人看到的两个部分，比如，成功/失败、优秀/无能、自信/自卑、快乐/悲伤、勤奋/懒惰。去链接自己内心，找到自己最有感觉的那组词。

三、亲爱的爸爸妈妈：我只想让你们看到我 ×× 的一面，我不想让你们看见我 ×× 的一面。

四、支持者可以引导当事人看着自己的眼睛，让他大声喊出来，不要停，当事人如果眼神有所飘移或者不能直视支持者时，支持者可以对他喊：看着我，大声喊出来！让你的情绪出来！

五、当事人喊过六到八次以后，如果还有压抑感，让他继续喊，直到没有压抑感，支持者可以看着当事人的眼睛，告诉他：我看见了你的 ×× 的一面，我也看见了你 ×× 的一面，我还看见了很多很多，我们爱你。然后拥抱。

早已忘了你和我说的那些话，始终记得你陪我的玩耍

从小儿子出生到他今年十岁，绝大部分时间是我一个人带着，遇到出差的日子，外公外婆也会来帮忙。

这些年，我一边工作，一边带着贝拉，单亲妈妈的种种辛苦都有体验。后来，走上导师之路，我更相信自己是个很努力的妈妈。

有一天，我和小贝拉聊天：“如果要给妈妈打分，你想打几分？”

“给妈妈打 100 分。”小贝拉回答。

“那给爸爸打多少分？”我美滋滋地再问。

“给爸爸打 300 分。”小贝拉再答。

我当时就懵了。天啊？这么多年，我每天从早到晚忙得像个陀螺，换着花样儿给孩子做餐点，风里雨里接送他上下学，给小贝拉的吃穿用都选最好的，就连贝拉每周要去的兴趣班也

从没断过，这样的妈妈打100分，而只有寒暑假才见面的爸爸却可以拿到300分？

“因为爸爸会陪我玩儿！”

我突然愣住了，我带他去游乐场，陪他去逛街，我给他买很多玩具，似乎，我确实很少陪他玩儿。

小贝拉的回答让我想起那次去妹妹家。闲聊中，妹妹10岁的女儿突然向妹妹投诉：“你从来都不陪我！”

妹妹马上火了：“说什么呢？你哪天的作业不是磨磨蹭蹭到半夜？我从早到晚围着你转，天天陪你写作业到半夜，这还不叫陪？”

“你根本就不是陪我，你一直就看手机！”

那场对话，我记忆犹新。如果我们的陪伴只是守在孩子身边，那跟保姆又有何区别？

顺着思绪，我回到自己的童年。脑海中有一幅很清晰的画面：清明节前，学校会让同学们做手工花束，每到这个时候，我爸爸都会和我一起坐在桌子前，我们分工合作把一朵朵花瓣折起粘在树枝上，如果时间还早，爸爸会折出小动物和我一起玩桌面游戏。

周末时分，爸爸骑着自行车带我去看电影，小小的我就坐在爸爸腿上，看着不太理解的剧情，常常问爸爸，哪个是好人，哪个是坏人？

记忆里关于妈妈那部分，她做过很多好吃的，给我买新衣服，勤劳的身影就像褪了色彩的照片，内容丰富，却似乎缺少些什么。

明白了100分和300分的差距，我开始创造亲子间“玩”的体验，每天用半小时和小儿子一起赛车、弹玻璃球、摔纸片，甚至像男人一样摔跤。

我从来没想过和孩子一起玩的过程中，还会创造出这么多的惊喜，小儿子变得更开朗，更有力量，安全感明显增加，自我管理能力也越来越好，就算有时候我加班影响了和他一起玩的时间，他也不吵闹，还会贴心地问上一句：妈妈，我能为你做什么？

天津卫视主持人赵川在节目中说过一段话：有时候我看着我父亲，会想，这个男人真的教育过我吗？其实在我的记忆里，关于他教育我的那些场景早已经不记得，我印象最深的是他陪我踢球、打桥牌、下围棋的画面。

孩子很快就长大，陪伴是送给他最好的礼物。也许有一天我们愿意蹲下身来和孩子一起看看他们的世界，我们也一定明白，孩子为什么不愿意和我们玩，很多时候，我们真的不好玩……

一个抑郁症孩子的心事

姜颜，16岁，女，高中生。姜颜学习成绩优秀，曾是重点班尖子生，后来在全校排名考试中发挥失常，降至普通班。在随后的两个月，孩子每天只睡几个小时，通宵做题，连接两次考取普通班第一的成绩，期待可以重回重点班，却被学校告之不可以，学校没有过这样的先例，随后孩子开始抑郁，辍学。

姜颜之前做过三次咨询，每次都因为咨询师的某一句话，她不爱听了，转身就走。姜颜的父母，为了让孩子重新回到学校，想尽种种办法，甚至告诉孩子，如果再不回去，学校就不要她了。孩子听后反应激烈，发疯、砸东西，甚至割腕，去医院检查的结果是孩子患了躁郁症，每天要吃三种药。

和姜颜的见面时间约了三次，每一次她都爽约了。

第一次，她没洗头，不想出来了。

第二次，她睡得不好，人没精神不来了。

第三次，状态不好，没心情不来了。

姜颜妈妈万分抱歉地在电话里一次又一次说着："对不起，明明说好的，做好了思想工作，你看，她又不来。"

我说："没事，告诉孩子，我等她。"每一次，我都这样说。

姜颜妈妈说过，之前也带着姜颜见过咨询师，每一次都是跟咨询师说不到几句她就犯情绪，一走了之。我想，见到孩子，才是我能为她做些什么的第一步。

第四次，姜颜终于和爸爸妈妈一起来了，还是按着我原有的习惯，先和孩子的父母聊聊。

从姜颜父母的描述中我有个初步假设，姜颜是凭自己的能力在高中考入重点班并成为尖子生的，她对自己的学习一定有很强的实力和自信感。

姜颜喜欢重点班，自豪能成为重点班的学生，从内心讲，她喜欢也忠于重点班这个系统，并将自己认可为重点班（系统）中的一分子。

而一次看似普通的考试，却让姜颜由重点班降至普通班，就等于由系统 A 降至系统 B，降级只是一部分原因，更大的动力是姜颜并不认可系统 B。

换个比喻，一个张姓家的孩子，在张姓家本来生活得很好，突然有一天被送去李姓家抚养，即使姓李的人家再爱这个孩子，给她再多的关注，这个孩子都不开心，因为她的心还在原来的家庭，她想回家。

所以就不难理解姜颜被降至普通班后，那么拼命地努力，一定要考到普通班第一，她只是想通过这种方式回到她自己的（系统）重点班。当回归没有可能时，她的抑郁、休学都是内在的绝望和不接受新系统（普通班）的表现。

而姜颜父母的苦心用错了方向，她们想用激将法去刺激孩子：如果你再不回去读书，学校也不要你。

对孩子来讲，她做错了什么？重点班这个系统和普通班这个系统都要开除她，双重的被抛弃感，自然刺激得孩子要发疯。所以，做父母对孩子理解真的要比盲目的爱更重要。

姜颜的父母感情很好，双双毕业于名校，在事业上都有一定成就，对孩子的期望也是极高。听他们说孩子心太高，要求高，接受不了挫折，我脑海中会有一个猜想——接受不了孩子这种状况的还有他们。

姜颜的妈妈一直问我，能不能支持孩子回去参加这次摸底考试，能不能让孩子的学习动力回到以前的状态。我说，现在孩子的身心健康是第一位的，没有健康学习再好有什么用呢？

姜颜的父母沉默了。

和姜颜父母的目标方向统一后，我见到了姜颜。

我和姜颜面对面的坐着，还没等我开口，姜颜就说：“我不想聊过去。”

我说："好。不聊。"

姜颜又说了第二句话："我不想聊我爸妈。"

我说："好，也不聊。"

姜颜又说了第三句话："我也不想聊学习。"

我说："好，你希望聊什么？"

"我也不知道。"

于是我建议我们聊聊未来："你有想象过未来的你是怎么样的吗？"姜颜的未来，是一个她理想的童话世界，一个在生活中得不到，而她又想活在里面不肯出来的童话世界。

在描绘未来的过程中，她也主动告诉我她不想谈恋爱，身边的男孩子没有她看得上的。她不想进普班，她跟那些人是不一样的。她不想和父母沟通，他们根本就不懂她。她也没有梦想，只是突然想出国，国外也许有她要的那种生活吧。

我说："你就像一个可爱的大头娃娃，脑袋上有一个很大的头盔，头盔里有你想要的那个世界，你就带着这个头盔到处走，外面的人不需要进来，因为头盔里的世界很美好。"

"是，老师你说对了。"姜颜很同意我的比喻，她说其实她也痛苦："有时候自己做不到的时候就很烦，也想回去学习，却没有力量怎么办？还有我总是控制不了我的情绪怎么办。"

我说："做不到和控制不了情绪都是头盔以外的世界，让你拿掉舒服头盔是很痛苦的，有没有一种可能，我们把这个头盘扩大，把那些不接受的加入进来——那些做不到的那部分反而是你要感谢的。”

“为什么要感谢？”姜颜没听懂。

做不到的那部分也是在用它的方式来保护你啊。去想想，在你从普通班往重点班“冲刺的那两个月你是什么状态，如果高中这三年都是这种状态呢？又会怎样？”

姜颜想一下说：“我会疯掉。那个时候我整个人都是恍惚的。”

“对呀，所以你的症状就是把你从那个情形里救出来，同意吗？”

“同意。”姜颜第一次笑了。

我继续说下去：“如果有一个三岁的小姑娘在你面前，你夸她，赞美她，欣赏她，她会怎么样？”

“她会很开心啊。”姜颜回答。

我又问：“那如果你骂她，打她，指责她呢？”

“她肯定伤心啊。”姜颜回答。

“现在，你就是那个小姑娘啊。当我们得第一的时候，小姑娘就会被表扬和夸奖。做不到的时候，小姑娘就会很委屈，会躲起来。”

姜颜眼眶湿润了：“是，这段时间我一直狠狠地戳自己。”

“戳自己什么？你都怎么戳自己的？”

“我觉得自己很没用，考得那么差很丢脸，我对不起爸爸妈妈，不配做他们的女儿，高考太难了，我害怕考试，担心自己考不好，我这么差，不如死了算了。”

姜颜告诉我，每次陷入这种自责中时，她都无地自容，待在学校里都是煎熬，回到家里更是自责，这种对自己的愤怒转移到学习上，她一看到书本就想吐。

“你能接受自己考得差吗？”

“不能。”

“来，”我带着姜颜站好，让她看着我的眼睛做“资格感练习”。在整个练习中，姜颜哭倒在地上，一次又一次喊“我有资格考不好”。当姜颜哭得差不多时，我走过去搂着姜颜的肩，她的身体稍微僵硬了一下，然后靠进我怀里。

“现在有什么感受？”

“感觉好多了。”

“如果考不好会怎样？”

“其实也没什么。”

“宝贝，有没有一种可能，即使那个小姑娘做错了事情，喝汤洒了衣服到处都是，我们也会和她说：哇，你好有创意哦，洒了一碗汤，胸前多了一幅画，你太有才啦。你猜，这个时候小姑娘怎么样？”

“她心里会好受很多！”姜颜回答。

我说："那我们以后一起嘉许那个小女孩好不好？"

姜颜又笑了："谢谢您老师，我愿意试试。"

我也笑了，看着她，就像是看见年少的那个自己。喜欢做梦没什么不好，强行去把一个人叫醒，才是残忍。如果没有昨天的童话世界，姜颜也没有那么大让自己前行的动力，她需要的是童年与现实这两个世界之间做一个桥梁，在前行的路上，平稳落地。

咨询手记：

和姜颜的谈话进行了两次后，她就重新返回学校了。还记得她第一次见到我时说："老师，您和别的咨询师不一样。"我问她："哪里不一样？"她说："就是我一次次放鸽子的时候，您没有生气，都说要等我。而我在别的地方见到的咨询师，他们告诉我，要学会尊重别人，守信用。"我说："你觉得他们是错的？"她说："没有错，就是我不想听。"

是的，姜颜的问题卡在不被接纳上，考得不好，父母不接纳，自己不接纳，所以才会有这么多状况，而如果咨询师也表现出不接纳，孩子自然不愿意来。作为父母，面对孩子有一种疗愈叫允许，只有一个真正被允许过接纳过的孩子，才不会想去叛逆。

同时真正影响孩子的，是姜颜爸爸接受了我的建立，每天接送女儿上学放学，并且在路途中陪着女儿“做功课”。什么叫“做功课”呢？爸爸像个朋友一样和女儿谈心，聊天，也可以把自己觉得丢脸的，遗憾的，精彩的，没有做到的事统统讲给女儿听，让女儿通过对爸爸的好奇，从父亲身上学到那份担当，负责任和勇气的力量。

姜颜好转得快得惊人，我记得3月8日他们走进咨询室，到孩子4月22日回到学校，整个过程只用了一个多月，而且三个月后，姜颜彻底停药。姜颜妈妈总是来感谢我，说我在孩子最关键的时候救了孩子，其实真正救姜颜的是她的爸爸妈妈，如果他们没有第一时间寻找外界的帮助，没有认真听取咨询师的建议，坦然向孩子暴露父母也有短处，孩子也不会这么接纳自己。很多家长认为孩子压抑，躁狂是受了很大的打击，是非常难解决的问题，其实不然，孩子之所以会出问题，是情绪感受卡在某个事件点里，能及时地带着孩子走出来，是可以帮到孩子的。

姜颜的妈妈也曾经担心女儿太理想化，梦想不落地，可是直接否定孩子，把孩子拉到现实中来，告诉她别做梦了就是好吗？有多少孩子，就是因为拥有一个美好的梦想，才会坚持不懈的努力，有一天梦醒了又怎样？女孩，人无梦想不青春，我们需要做的是将现实的世界过得美好，而不去向童话里逃避，慢慢来，如果转身可以支持到你，我愿意背对这个世界。

资格感练习：

有两个人相互支持最好，如果没有的话，一个人站在镜子前，看着镜子中的自己，深呼吸，然后看着对方（镜子里自己）的眼睛，连续六次大声喊出下面的话：

我有资格考不好。

我有能力考不好。

我的爸爸允许我考不好。

我的妈妈允许我考不好。

在中国有很多孩子是在爸爸妈妈的“有条件的爱”之下长大的，因为家长太容易用外界的因素来评定孩子的好坏，比如学习好才有资格被爱，优秀才有资格被爱，有能力才有资格被爱。只要孩子做不到，就会开始自责，觉得自己不配得到爸爸妈妈的爱。

这个练习可以自由变换自己要疗愈的话语：我有资格失败、我有资格脆弱、我有资格无能，等等。

我用欺负弱小来寻求公平

薛凯瑞，男孩，12岁，小学六年级，四岁时父母离异，由妈妈一人抚养。凯瑞一到四年级的时候不太合群，在学校常受欺负，进入六年级，他经常打架，前几天，把一个低年级的男孩拖进厕所，并用手掐着那个孩子的脖子说："你以后对我说话再不尊敬，你就是这个学校第一个死的学生。"

被恐吓的孩子家人报了警，警察在调查中发现，在近三个月里，凯瑞欺凌低年级同学的次数竟然多达几十次。学校建议凯瑞妈妈带孩子去看心理医生，凯瑞妈妈就带着孩子来了。

薛凯瑞安静地坐在咨询室里，看上去很乖巧，如果不是听妈妈讲，完全看不出他是制造校园暴力的孩子。在凯瑞妈妈介绍孩子事情的过程中，有一个细节是薛凯瑞和妈妈的一个互动，薛凯瑞低着头玩手机，妈妈突然抡起一巴掌扇过去："哎！谁让你玩手机。"

凯瑞被打得突然一愣，转头去看他的妈妈，这时候我看见了凯瑞的眼睛是猩红的，带着就要燃烧的愤怒。

我让凯瑞去别的房间等一下我们，然后问凯瑞妈妈：“平时在家里你会经常打孩子吗？”

她叹了口气说：“会。”

“那孩子会怎么做？”

“小的时候他很听话，一打就怕。现在不行了，有时候还会还手。”

“那您觉得凯瑞动手打人这件事像谁呢？”

“像我？不对呀老师，我们家孩子一到四年级的时候根本不打架的，而且常被别人欺负，这两年才还手的呀。”

我注意到凯瑞妈妈把孩子打架，说成了还手。

在沟通的过程中，我知道凯瑞妈妈一个人带孩子不容易，对前夫也有深深的恨，就会不自觉的把部分情绪带到凯瑞身上。她也知道这样不对，就是无法克制自己。我让凯瑞妈妈以后每周到我这里来一次，因为对凯瑞来说，如果妈妈是有习惯性的发怒，他就会对容易发怒的人有习惯性的恐惧，而这份恐惧让这样的孩子在学校和团体中也很容易成为大家欺负的对象。

和薛凯瑞聊天的时候，我问他，为什么会和学校的同学打架。凯瑞说，他们总是挑衅他。

“怎么挑衅你？”

“就是说一些话让我特别生气，比如说我笨，说我没能力，我就会很生气。”

“以前有人这样说过你吗？”

“我妈妈，还有以前那些高年级的同学。”

“哦？高年级的同学？他们是怎么对你的？”

“他们打我，有时候几个高年级的同学把我围起来一起打。”

我似乎找到了一个点。我问凯瑞：“当那些高年级的孩子欺侮你的时候，你心里会怎么想？”

“我想有一天我能打过他们的时候，一个都不放过，”凯瑞说这些话的时候，皱着眉头，目光凌厉，已经完全不像一个小学生。

我走过去，轻轻摸着凯瑞的头：“那你打完那些低年级的同学有什么感受？”

“很爽。”

“很爽？”

“对，就像狠狠报复那些高年级的学生一样。”

“凯瑞你知道吗？”我抚摸着凯瑞的头继续说：“那些被你打哭的同学，他们打不过你，他们心里会怎么想？”

“可能会有点儿难受吧。”

“不是有一点儿，是很难受，也很委屈，就像你当初被高年级孩子打一样。你猜，如果有一天他们长大了，他们会不会去打更小的孩子？”

凯瑞这次的声音很小：“可能。”

“来，凯瑞，我们来做情绪释放的练习。”

我带着凯瑞来到咨询室的几个垫子面前，让他去选一个代表当初欺侮他的那些高年级同学。

凯瑞拿起了最大的垫子。

我告诉凯瑞，从现在起，这个垫子就代表欺侮你的那个同学，你可以对他做任何事，你可以踢他，打他，骂他，咬他，把你心里对他所有的愤怒都表达出来。凯瑞看着垫子，想做又不好意思做。

我关暗了灯光，放起了音乐，我拿起垫子给他做示范：“凯瑞喊出来，你这个大坏蛋，我恨你，我要打死你！你欺侮我，你太坏了。”

凯瑞一下子就被触动了，他先是把垫子踩在脚下，狠狠地踩上去，又蹲下身攥起拳头，一拳接一拳砸向垫子。我说：“凯瑞喊出来！”他一直在用力，嘴巴却是紧闭着，张不开。

刚一张嘴，凯瑞的眼泪就吧嗒吧嗒掉下来：“我恨你，我要杀了你们，让你们欺侮我。我长大了要把你们一个个打死，把你们的腿打断。”

无法想象，一个12岁的孩子会积压这么多的愤怒，开始凯瑞还能换着姿势打垫子，后面他已经跪在地上，泣不成声。

我放了一首《我想有个家》给凯瑞听，他哭得更厉害了。这时候我悄悄打开门，让凯瑞妈妈走进来，凯瑞和妈妈抱在一起，哭成一团。

等凯瑞哭完了，我拉着他的手，让他看着妈妈表达心里的委屈：妈妈，你每次打我的时候我都害怕，妈妈你每次打我的时候，我都很伤心难过，我怕你不要我了。说到这里，凯瑞不再按我说的话复述，看着他妈妈的眼睛，问妈妈："妈妈，我不是你的孩子吗？你怎么打我的时候往死里打。妈妈你真的爱我吗？为什么你总是说出那么狠的话。"

凯瑞妈妈哭得一句话都说不出来。

最后凯瑞表达了对妈妈的期待：妈妈以后我希望你能跟我好好说话，如果我做错了，先告诉我哪里错了，别着急着打我。妈妈我特别喜欢听你好好说话。

咨询手记：

听凯瑞妈妈说，凯瑞回去以后再也没有和同学打架了。我知道这是他内在的心结解开了，他已经和过去和解了。很多时候，孩子身上发生过的一些事，我们以为事件过了就完结了，其实不然，孩子受到的创伤和情绪如果在当下那一刻没有被看见和释放，就会形成恶性循环。就像凯瑞，他真的是要打低年级的那些孩子吗？也许是在表达妈妈的不满，也许是在为曾经遭受的欺凌寻求公平。如果我们只是看到事件的表面，没有孩子内心的情绪得到化解，凯瑞和同学打架的事件就会不断地上演。所以当孩子某一天突然不想上学了，突然一提到学校和同学就有很大情绪时，我们做家长的不要急着把孩子绑回学校，而是问问孩子出了什么事情，由专业的老师帮孩子把这个事件梳理清楚，这样孩子才能放下情绪和包袱，有新的开始。

情绪释放练习：

一、让当事人闭上眼睛去链接让他有情绪的事件和人。看到在当时的场景中当事人有什么情绪和感受。

二、如果给这种情绪和感受打分，会打多少分？（0分是最低分，10分是最高分。）

三、清理情绪方式（1）可以找一个人十指交叉对推（2）找一个物件代表事件中的人

四、然后把情绪统统对以上各种物体或者人发泄。在发泄情绪的时候，一定要喊出来，哪怕是“啊啊啊啊”都行。

五、一直到自己感觉没有那么强的情绪，也没有力量的时候，当事人可以坐下来，闭上眼睛跟自己在一起。

六、去回看这个事件的发生给自己的影响，在事件中我们学习到了什么。

孩子永远从父母的眼中看见自己的未来

夏磊，15岁，男孩，初中二年级学生。夏磊妈妈在电话里提供的信息和我所看到的夏磊完全不符。夏磊妈妈觉得孩子自控力差，喜欢逃避，不爱学习，经常通宵玩网游，她反复强调，要我一定没收孩子的手机。而我看到的夏磊从入营第一天就把手机主动上交，认真听讲，踊跃发言，会主动帮助团队里的其他孩子，很快成为团队中的小领袖。

入营的第一天，小组刚刚成立，夏磊很主动地去管理团队，当小组成员有个别不参与活动或者逃避时，夏磊都很热心地把他们拉回来。但是遇到不顺利的情况，或者没有小助教支持时，夏磊就会茫然地站在原地，紧张而不知所措。

第二天团建活动是“过电网”，80多个学员分成A、B两大组，夏磊和同学站出来做B组的队长。开始，夏磊和他的搭档很有带动团队的愿望，但明显力量不足。后来我去了A组支持，离开B组，这时有人说：“B组肯定输啊，B组那两个队长不行啊。”我转过头，看到夏磊无助的目光，我走过去，拍拍他肩膀：“孩子，你是个领袖，我坚信，你一定行！”

两个小时后，A组和B组各经过了100多次失败，A组松散，军心下降，B组却凝聚力越来越强，士气高涨。

三个小时后，B组在夏磊和另一位队长的带领下，成功过关，甚至帮助A组完成任务。他们在台上分享胜利的那一刻，我不知道这三个小时内发生了什么，但我看见夏磊喜悦的、有光芒的笑脸。

总结的时候夏磊特别感谢了我，每次他想放弃的时候，都记得我说的：夏磊，你是个领袖，我坚信你一定行！

后面的时间里，我发现夏磊每次做决定的时候，都会期待我的鼓励，犹豫不决的时候也会来到我身边，等着我给他打气。我开始刻意忙碌其他的事，不提醒也“看不见”夏磊是如何带动、整理团队的。

没有我的鼓励，夏磊开始茫然。没有我的注视，夏磊开始无力、逃避。过了很久，团队中的其他成员不愿意等待了，他们开始提醒夏磊要行动，甚至有人自动引发，让团队动起来。就这样，夏磊只好回到领袖的位置。

只要我在，夏磊喜欢让我看他的作业，也喜欢在课程中主动抢麦，到舞台上回答问题，他还喜欢读我的留言，每次写完作业都会跑来找我评分，只要拿到认可，他就会加足马力向前冲。

学员联欢会上要求各小组准备节目，夏磊几次跑过来找到我，问我怎么办。我说："全权交给你，你肯定可以！"

到了晚上，夏磊开始认真地带着大家排练节目。

联欢会开始，B组的同学上台唱了一首歌，观众反应平平，没有什么喝彩声。我怕夏磊难受，转过头去看他，夏磊感觉到了我的担心，像个做错事的孩子跑过来说："老师，节目是不是不够好？"

"挺好的。"我说。

夏磊顿时低落下来，眼神也开始躲着我。

接下来，B组用计算器演奏的音乐博得了满堂彩。那一刻夏磊在人群中寻找我的眼神，看到我时，又不好意思笑了。

那一刻，我有种内疚，当节目表现一般时，我呈现出一种家长对孩子的失望，所以孩子感觉自己做错了事，没有力量。当节目成功时，其他人的掌声，为孩子们点燃了希望，但他更希望的还是被权威看见。

附：三步借力法：

三步借力法是一种非常实用的仪式练习，对于力量不足的来访者，能够大量的增加其内心的力量，再加上经验掣的运用，可以使这份力量，随需随到。这个练习比较复杂，我做了简化后分享给大家。

第 1 步：引导来访者找出他最需要的内心力量（例如勇气、自信、冷静、幽默、灵活等），并且找出他认为很具备这份能力的 3 个人，把他们的名字写在 3 张纸上，依次放在地上。（三张纸上的名字一个比一个能力大）

第 2 步：引导来访者，对着写有第 1 个名字的纸张，想象着那个人，站立的姿势，面部的表情等和声音，他表现出有能力的说话状态或者对来访者说两句鼓励的话，来访者闭上眼睛，感觉他想拥有的能力正不断停留到自己身上。并储存在身体之内，在感觉最强时，记住这种感觉，踏向下一张纸。

引导来访者对着写着第 2 个人名字的纸张重复，上述的做法，在其平静下来，踏出纸张马上进入第 3 步，第 3 步的步骤完全相同。

第 3 步：打破状态，做未来测试，若做完三步建立法后，咨询师感觉来访者的力量状态仍然不足够，可以重复一遍。

注意若来访者选择了一个借力对象，但又不能踏入或者完全建立过程，那是因为他不能完全接受那个人，这时咨询师可以引导来访者说，我只借用对我有用的东西，其余与我无关。

大人有病，给孩子吃药

容倩，女孩，15 岁，高中学生。容倩妈妈带着她和姥姥来找我咨询，听容倩妈妈的介绍很简单，容倩不上学的起因是有一天早上，容倩起床晚了，跟妈妈发生了几句口角，容倩妈妈盛怒之下动手打了孩子，容倩当即跑到姥姥家称再也不读书了。容倩妈妈希望我跟孩子聊聊，让她回去好好读书。

容倩妈妈每一句话都透着强烈的焦虑感，当我问道："孩子之前愿意去学校吗？"

"孩子之前也不愿意去。"一旁孩子的姥姥接上话。

"妈，你能不能闭嘴？我这跟老师介绍孩子情况呢，你那突然插上一嘴，万一把老师误导了怎么办？"

姥姥尴尬地笑笑，没有再说话。

"老师你别听我妈的，她人老了糊涂，我就是想你跟我女儿聊聊，用什么办法让她回学校上学就行。"

我很诚实地和容倩妈妈讲："我会跟孩子好好聊聊，如果跟孩子聊完，孩子并不愿意马上回学校，家长愿意做些改变或者再给孩子点时间吗？”

“那她必须回学校啊，你说这都马上要高考了，她一个学生，不回学校她做什么啊？”容倩妈妈说。

“在没见到孩子前，我不能向您保证孩子能回学校读书。”

“老师你说那些我都懂，我专门请假带孩子来，就一个目的，让她回学校读书”。容倩妈妈完全听不到我的建议，我很坦白地告诉她，我们可以一起去探讨孩子不上学的原因，为孩子重返校园做我们能做的，但我确实不能向她保证孩子一定会回学校。

犹豫了片刻后，容倩妈妈坚定地说：“不管怎么样，我绑也得把她绑回学校。”

我见了容倩，她面容清秀，是很有主见的小女生，感觉和容倩妈妈的说法不一。容倩是个很要强的孩子，去年高考本来已经考入一所还算不错的二本学校，但容倩自己不满意，提出复读一年再考。

就在容倩开始复读两个月后，容倩妈妈没有先跟她商量就给她办转学，理由是换个环境也许成绩提升得更快。

容倩说她不想上学，新的学校她很不喜欢，她不接受新的同学和老师，老师和同学同样不接受她。老师已经打了两次电话给她妈妈，说她在上课睡觉的事。

“为什么要在课上睡觉？”

“听不进去啊，一进这个学校心里就堵。”

“那你在原来的学校不堵吗？”

“不堵，原来的学校是市重点，这里算什么，充其量算个三流高中。”孩子的言语间充满了对这个学校的不屑。

“那你，对自己的未来有规划吗？”

“以前有，现在没有了。以前想考北影，其实去年我专业课的成绩都过了，文化课就差那么一点点，就差那么一点。”容倩说到这里，满脸的遗憾。

和容倩的聊天中，我能感觉到容倩和妈妈的对抗。当我问到如果在这里学不下去，有没有想过再回原学校时，容倩摇头。更可怕的是她说了一句：她不是折腾么，总得让她尝尝折腾的后果。

“谁折腾？”

“我妈！”

“也许你是很早就对妈妈的教育方式有意见，这次甚至不惜用毁掉自己的方式让妈妈难过？”

容倩沉默了。

“孩子，你离高考还有不到一年的时间，妈妈会不会后悔我不知道，但你用未来的人生去惩罚自己和惩罚妈妈，这份代价会不会太大了些？”

容倩开始沉默了，低下头，眼泪掉下来："我就是很委屈，她凭什么操控我的人生？她尊重过我吗？"

"是的，妈妈不能为你的人生负责，那么你为自己的人生负责了吗？你为自己的梦想负责了吗？"我蹲下来，摸着容倩的头："孩子，你把力量用错方向了。"

我给容倩做了一个天赋测试，在天赋树里，她有五项天赋都和艺术有关，看来容倩要考电影学院的方向是没有错的，我将容倩的天赋一项项讲给她听，她很好奇，也开始进入短暂的思考。

和容倩聊完，我回到容倩妈妈面前，我说和孩子聊得还不错，只是如果让孩子重新回到学校读书，恐怕不是一蹴而就的事，我问家长，关于孩子转学的事她怎么看。

"什么怎么看，我所做的一切都是为她好。老师，你就给我一句话，能不能让孩子马上回到学校上学去？"

"不能"我也很直接。

"那你告诉我，据你所知道的，还有哪里的心理咨询好？你帮我找个咨询师，让我女儿回学校去。"容倩妈妈。

"亲爱的，你搞不定孩子，就想花钱找个人来帮助搞定你的孩子？"

"算是吧，我整不了她了。"

"那你觉得是孩子病了？"

“是啊，这孩子肯定是心理有问题啊。”

“孩子没病，是大人有病，给孩子吃药。”我不客气地说。这时候我看到孩子的姥姥悄悄站起来，在容倩妈妈的身后对我竖起大拇指。

“老师你什么意思？”容倩妈妈愣住了。

“我能理解您的担心和焦虑，同时您有觉得自己有哪里不对劲吗？比如，您能不能听得见别人的声音，有没有看到孩子对转学事件的对抗？还有，如果您是对的，为什么却越来越无力？孩子跟您越来越远离？”

“那你说怎么办？就让她这样待在家里？”容倩妈妈叹了口气。

我问容倩妈妈愿不愿意体验一下孩子的感受。

她同意了。

然后我邀请容倩妈妈伸出手，我也伸出手，我们两个的手掌握在一起，我让她用力去扳倒我，同时我也在用力，我嘴里不停地在说：听我的，都是为你好。我是你妈还能害你吗？

我一次次把容倩妈妈的手腕扳倒，一次次告诉她再来，突然她停下来说：“我知道了老师，您想告诉我什么。是的，我就是这样对待容倩的。”

当容倩妈妈的眼泪夺眶而出的时候，我想我们的话题可以更深一步了。

咨询手记：

我见过很多容倩妈妈这样的家长，孩子的内心生病了，带着孩子来找心理医生，只期待心理医生能让孩子回到学校好好读书就是了。有一个家长带着孩子来找我，拿着孩子重度抑郁的诊断书，问我，马上要考试了，能不能让孩子一边治疗一边读书，时间太紧，耽误不起啊。

当时我眼泪一下出来了，都什么时候了，孩子病了，生命状态已经出问题。到底是孩子重要，还是学习更重要？很多家长都说孩子重要，可事实是，孩子就要倒下时，对待孩子的方式还是成绩第一。

小时候，我们生病了，最渴望父母的陪伴和关爱，哪怕是抱一抱，爸妈亲自喂下的一口罐头，都是莫大的安慰。长大了，生病了，父母花再多的钱，买再贵的药，却没有关爱和拥抱，孩子的心又怎么会好？

“我看见你”练习：

爸爸或者妈妈坐在可以看见孩子的地方。用目光去看见孩子。有十秒钟的时间不说话，只是纯粹地看到眼前这个生命。看到这个生命种种行为的背后，他也很努力，他也想做好的那些。在心底和孩子说，孩子，我看见你了。一次次看见、欣赏、接纳，重复这几个字：孩子，我看见你了。相信这份爱和慈悲之下，很多家长会有更多发现。

离婚时，给孩子一个分手仪式

明惠，女，15岁，初中三年级学生。初二开始不断请假，抽烟喝酒，谈恋爱。明惠经常和校外的一些孩子到处游荡，开始还能按时回家，后来常常半夜里喝得醉醺醺地回来，有一次醉倒在门外睡着了，明惠妈妈推开门看见女儿，哭了半夜。

确切地说，前来咨询的人是明惠的妈妈。明惠妈妈坐在我面前才十几分钟，我就感觉到她像是一个高压锅，马上就要在我身边爆掉，我几乎能想象明惠待在妈妈身边的感觉，我问明惠妈妈："孩子愿意听你说话吗？"

"不愿意，我说不了几句她就跑了。"

"那我们能不能慢一点，先不说孩子，先讲讲您的经历？"

明惠初一那年，父母离异，明惠的爸爸带走家里所有财产，为了争口气，明惠妈妈起早贪黑，拼命地做生意赚钱，很快家里买了新楼房。做生意让明惠妈妈有了自信，对生活也有了期待。没想到这两年钱越赚越多，明惠却出了问题。

我让明惠妈妈画出时间线。在明惠妈妈刚离婚，她每天拼命的赚钱时，明惠的状态怎样？明惠妈妈想起来，心中很是内疚，说那时候都是明惠自己一个人待在家里，自己做饭，自己上学，有时候自己出差几天根本顾不上女儿，就给明惠钱，让她一日三餐自己解决。

“明惠什么时候开始吸烟的？”

“初一下半年，就是我经常不在家那时候。”

“所以，我们去想象一下，对于一个小女孩来说，爸爸妈妈离婚了代表了什么？代表了爸爸妈妈分开了，我就没有家了。而妈妈每天早出晚归，根本顾不上陪伴孩子，对这个小女孩来说又意味着什么？”

“是，那时候我女儿天天哭，说我们都不要她了。”明惠妈妈说到这里，哭了起来。

这是问题的核心点，在我们离婚的时候都没有给孩子一个交代，这是对她的第一次抛弃。而当我们拼命地去赚钱，想要给孩子更好的物质生活时，孩子的内心感受是，爸爸离开后，妈妈也抛弃了她。

“可是我赚钱都是为她啊，无论自己多苦，在钱上从来没亏过孩子。”明惠妈妈说。

这也是重点：孩子需要的是爱，我们给出去的是钱。孩子拿到钱去花，花完了，再来要爱，我们给的还是钱。当我们用钱代替爱时，孩子不会感恩钱，她只会更恨钱，恨钱就会挥霍钱。

我问明惠妈妈："您有多久没有和孩子聊天了？"

"她不和我聊，每次我说她，她都很烦，听不到两句人就跑了。"

"回想一下，我们和孩子聊天的时候是讲道理和教训孩子还是平等的交流心里话？"

明惠妈妈说我猜的没错，她每次和女儿聊天的时候，都是带着要求，要女儿别抽烟喝酒，别谈恋爱，全部都是行为上的要求，内心的交流从来没有。

"我相信刚离婚的时候，你很无助，很痛苦，所以你找到了表达情绪的方式，就是去赚钱，拼命地做生意，让自己尽快站起来。同时女儿也很无助，也很痛苦，她怎么办呢？她还是个孩子，可能抽烟、喝酒就成了她发泄的方式。那么谈恋爱又代表什么？孩子的内心太孤独了，她需要有个人带给她那种温暖的感觉。"

"我明白了老师，是我忽略了孩子的感受，陪伴孩子的时间太少，却又对她有很多要求，这对孩子是不公平的。"明惠妈妈终于意识到她对孩子的爱是金钱和物质上的满足，而孩子匮乏的在心里。

第二次，明惠妈妈带着女儿来，明惠看着我的眼神中透着防备和抗拒。

咨询室里只有我和明惠两个人时，明惠直截了当地问我：“老师，你想和我说什么？”

“我还没想好，可以为你做些什么呢？”我问明惠。

“不需要，别来烦我就行了。”明惠说。

“明惠最近有什么不开心的事吗？”

“没有。”

“对妈妈有什么期待吗？”我又问。

“老师，你想说什么只管说，是不是等时间到了，我一走你就可以收钱了？”

现在我想起来要说什么了。我一本正经地看着明惠：“我不会告诉你马上就要高考，时间很紧，你要好好学习，你考不考得上大学，未来过什么生活，别人替不了你，自己作的自己受。我也不会劝你，你妈一个人把你带大不容易，她拼命地赚钱能做的都为你做了，就是想给你个更好的生活。我也没那个本事让你看见生活多么美好，你很幸运可以拿着妈妈的血汗钱买你喜欢的东西，做你喜欢的事，你再挥霍金钱又怎么样？你妈愿意。我今天只想告诉你，你活到 17 岁，还没有学会对一个人起码的尊重。你妈是离婚了，是很少陪你，但她不去赚钱你就没饭吃，没衣服穿，没书念。她为了你拼命地在外面奔波从来没有停止过赚钱，你呢，除了花钱，你为你妈做了什么？你觉得你妈很烦，你很有个性有骨气，可是你为你的人生，为你们这个家创造了什么？没有你妈给的钱，你又能做什么？就算今天我们能面对面对话，也是你妈花了钱的，你可以看不到她为你做的所有的事，但是作为一个人，你要对母亲有起码的尊重。回去告诉你妈妈，这个咨询我不收费，因为你不想好起来，谁都救不了你。”

明惠没有说话，转身，重重地带上门。

我不知道如何来形容这个咨询，有点失落，有些挫败，同时那么激烈地表达了我对明惠更真实的感受。

咨询手记：

那天明惠妈妈很诚恳地和明惠聊了一个晚上，她说这次女儿没有烦，也没有跑，只是静静地听她讲离婚后她自己的无力无助，还有她努力赚钱想给孩子一个家的愿望。明惠说了一句：妈，这么多年你也挺不容易的。明惠妈妈跟女儿说了一句话：女儿，请你慢点长大，请你等等妈妈，妈妈也在努力学习，我想做个好妈妈。明惠妈妈哭了，明惠哭了。

很多成年人都会以为，离婚只是两个大人之间的事，我们都忽略了一个重要成员，孩子。离婚对一个孩子的伤害永远是最大的，对成年人来说离婚只是选择了另外一种生活，对孩子来说，他永远失去了完整的家。

建议所有的父母在离婚时，也请给孩子一个完整的仪式。

首先建议这个仪式父母同时在场。

第一，告诉孩子这件事很遗憾，是爸爸妈妈共同的决定。很遗憾我们把事情搞砸了，大人也会犯错，不能给你一个完整的家，孩子对不起。

第二，告诉孩子这件事情是两个成年人的事和他无关。很多孩子会以为自己能够拯救爸爸妈妈的婚姻，会以为爸爸妈妈分开是自己的错，会充满自责，划清楚界限，告诉他这件事跟他无关，消除孩子的负罪感。

第三，爸爸妈妈都一样爱你，你是自由的，可以随时去看爸爸和妈妈。对很多孩子来说，他们恐惧爸爸妈妈离婚，是恐惧离婚后，他就失去爸爸或者妈妈了，告诉孩子你可以自由地去看爸爸妈妈时，也等于告诉孩子你没失去什么。

如果不能给孩子一个好的婚姻，那么就给孩子一个好的离婚，两个成熟的男女会处理好彼此的界限，也会尽最大限度保护孩子的感受，而两个孩子气的成年人却会不断地拉扯，甚至把孩子当成武器用来攻击对方。这样的爱，太残忍。

孩子，愿你的青春能被温柔以待

Emma 的裁纸刀

训练营第一天，刚分完小组的孩子们都围在一起热火朝天地做着自我介绍，只有 Emma 一个人不合群地把椅子向外拉了又拉，她谁都不看，目光漠然，似乎其他孩子的热火朝天统统与她无关。

当小组的孩子们都已经介绍完自己，并把目光投向 Emma 时，Emma 完全没有反应。小助教悄悄喊了声："Emma，你说说呀，让大家都认识一下你。"

"我叫 Emma，没什么好说的，我想你们对我应该没兴趣，当然我对你们也没什么兴趣。"说完，Emma 旁若无人地从口袋里拿出一把足有十公分长的裁纸刀，将刀片横着含在口中，像是叼了根牙签一样随意。

小组的孩子们开始对Emma含着刀片这件事有些无法适应，他们偷偷地看了又看小组里这位不合群的小姐姐，作为小组老师，我喊了声："Emma？"

她转头看我，目光中犀利又充满戒备。

"可以先把刀片放在我这吗？"

"不可以！"Emma很直接地拒绝。

我靠她坐下来，想伸手去搂Emma的肩膀，她再度躲开，我再把手放在她的腿上，轻声说了句："Emma，我看到这把刀害怕。"

"一把刀而已，有什么好害怕的？"Emma冷笑，对我的话嗤之以鼻。

"我好害怕你会弄伤自己。"我更近距离看到Emma两条手臂一条条刀伤过后的划痕，也能感觉到Emma听到我说怕她弄伤自己后的身体一征，接着她的眼泪一下子涌出来，眼泪吧嗒吧嗒掉在手臂的刀痕上。

"还疼吗？"

我试着想把搭在Emma腿上的手，向她手臂上移，Emma躲开了我的手，只是同时把刀收起来，放进口袋中。

抽空，我和Emma的家长通了一个电话，Emma妈妈说，Emma今年16岁，曾因抑郁症自杀，高一、高二连续两年被不同学校劝退，现在辍学在家，几乎无法与人沟通，就连爸爸妈妈都不能靠近她。

我问 Emma 妈妈孩子小时候都经历过什么。Emma 妈妈说，她和 Emma，有亲子关系中断经历，加上她和孩子爸爸对孩子都有身心上的暴力，这孩子早就不想活了。

像这样的训练营 Emma 参加过几次，每一次都因为她的情况特殊而被劝退，如果有可能，她请求我们让 Emma 有一次完整的体验。

你们都是骗子

白天的活动很丰富，Emma 和小组同伴们一起参加了团队建设，在整个过程中，看得出 Emma 也在极力融入这个团队，虽然她看起来身体很虚弱，但也在努力地为小组做自己能做的。

到了晚上，孩子都回房间睡觉，和 Emma 同屋的孩子跑过来说，Emma 有刀，她很担心，担心 Emma 会用刀伤到她们。

我和生活助教去了 Emma 的房间。Emma 似乎在白天的活动中累坏了，无力地瘫躺在床上，望着天花板，发呆。

我走到 Emma 的床边蹲下来和 Emma 说："Emma，想跟你商量个事儿。"

Emma 没有说话，依旧望着天花板。

“Emma你看我们这个训练营有那么多的孩子，为了照顾每个孩子的安全，生活老师们每天晚上要查夜三四次。”

“你想说什么？”Emma说话了。

“你手里有把刀，为了你们的安全能把刀给我保管吗？”

“不能！”Emma一口回绝。

“那好吧，为了不让你伤到自己，我也不睡了，今天就留在这里给你们守夜。”我作出不想离开的样子。

“一把刀而已，有什么好担心的。”Emma道。

“你要理解，有时候大人也很胆小，大人也会恐惧。人们往往对不了解的事物就会胡乱猜测，充满担心，所以你把刀给我，明早我就还给你好不？”我再次商量。

“拿去。”出乎意料，Emma从口袋里把刀拿出来，交到我手上然后问：现在我可以睡觉了吧？”

“嗯，快点睡觉，明天还有更好玩的事。”我拍拍Emma，退出了房间，并把Emma那把刀交给了生活助教。从拿到Emma那把刀开始，我有一种轻松感，似乎Emma已经对我产生了信任，我们的关系更进了一层。只是我没有想到，第二天这把刀也带来了意外。

第二天课程排得比较紧，我目光聚焦在别的孩子身上，忽略了Emma，当我发现她的异常时，她已经出了状况，Emma在教室里浑身不停地发抖，目光惊恐地来回走动，她的嘴里一直不停地说着，眼神盯着地面似乎在寻找什么。我走过去搂着Emma的肩膀，她歇斯底里地尖叫出来，那尖叫声听得那么刺耳又恐怖。接下来，我再碰她，她再尖叫着躲开，有其他老师过来，她依旧双手环抱着自己，嘴里尖叫，不让任何人靠近。

Emma的状况，吓到了训练营里的其他孩子。

“她怎么了？”我问Emma的小室友。

“她早上来跟老师要刀子，老师没给她，就这样了。”Emma的小室友悄悄告诉我。

生活老师快速跑出去，把刀子拿来交给Emma，Emma暂时安静下来。Emma的这份安静，我陷入自责担心。不是别人，是我伤害了这孩子，昨天晚上拿走刀时，我明明说好要把刀还给她，可我没有，我完全忘记了这件事。就是我的不负责任，摧毁了Emma刚刚对我建立的信任。

半个小时后，Emma趁人不注意，又在手臂上划了一刀，鲜血淋漓，她低下头，伸出舌头一次又一次去浅尝那些鲜血，偶尔抬起头看看周围，她看到我，目光中透着诡异的笑。

下课，我想要再去靠近Emma，Emma厌恶地躲开，冷冷地看着我：“我再也不会相信你了，你们都是骗子！”

中午休息，助教团开了一个小会，鉴于Emma的表现，现在从她手里再把刀收走怕是不太可能，但如果让她一直拿着刀在营里，无论对她还是对其他孩子，都不安全。

很多助教内心都犯起了嘀咕，从大局来讲，我们不光要为一个 Emma 负责，更要为团里的其他 80 个孩子负责，如果 Emma 的事件给训练营带来不好的影响，我们又如何向其他孩子的家长交代？

助教团里传来劝退 Emma 的声音，我的目光投向训练营的宗文老师。

“李悦老师怎么看？”宗文老师问我。

“我们的训练营在国内算是比较不错的，如果孩子从我们这里都被劝退，那么以后，她还有没有机会有一次完整的训练营体验呢？”我想起 Emma 冷冷的眼神，内心充满自责。

好在宗文老师说话了：“Emma 这样的孩子其实挺让人心疼，离开这个营，以后还有没有机会再参加这样的团体活动？她的状况也确实会影响团里其他孩子。但有没有一种可能，我们能一起做些什么帮助她？”

只是现在，大家都面临一个问题。白天，Emma 在教室里有那么多人看着，基本没什么问题，晚上呢？晚上 Emma 拿刀的问题怎么解决？同屋住的那个孩子已经调走，Emma 的安全又有谁能保证？

“我和 Emma 一起住”，我站起来主动请缨。宗文老师笑了，她伸出手，给我一个意味深长的拥抱，我的眼泪夺眶而出。

信不信我会拿刀捅你？

晚上我去了 Emma 的房间，她的隔壁床空着，Emma 看到我，把她原本抱着的玩具猫宠放在隔壁床上：“老师，这里没有你的位置，你回去吧。”

“没关系，我打地铺在这里陪你。”我坐在地上，看着 Emma 一刀刀刻纸。

“Emma？”我叫她。

她没反应。

“我想跟你道个歉。”

Emma 转过头，冷冷地看着我。

“很抱歉昨天晚上收了你的刀子，白天没有及时还给你，确实是我忘了。我诚恳地向 Emma 表达我的歉意，作为老师，这是我需要面对的。”

“不用道歉，今天你不可能再拿走我的刀子了。”Emma 挑衅地看着我，把刀子握在手里，刀刃的寒光让人心生忌惮。

时间悄悄地流逝，Emma 安静地刻着她面前的纸板。我问 Emma：“能问你个问题吗？”

“说。”Emma 没抬头。

“如果刀子没有还给你，会怎样？”

“我口袋里还有一把，信不信我会拿刀捅了你？”Emma 抬起头看着我，一本正经。

“不信，我心中的 Emma 是善良有爱的。”

Emma 不再说话，继续低头刻纸，我坐过去看着 Emma 的手工，有种感觉，Emma 在刻手工的同时，也把她心中的痛苦一刀刀刻在纸上。

夜里 12 点，我不知道自己什么时候睡过去的，只听到有人叫我：“老师，我们睡觉吧。”

睁开眼，Emma 已经把那张床铺整理好，她继续叫我：“老师，我们睡觉吧。”

“嗯，我从地上站起来，Emma，咱们睡觉。”

和 Emma 共处一室睡了两天，Emma 再次接纳了我，有时候会把她带来的零食悄悄放在我床上，刻纸依旧是她的最爱。

有一次我问 Emma：“你有梦想吗？”

Emma 说：“没有，老师，你有梦想吗？”

“有，我想做青少年咨询师，让更多的孩子快乐起来。”

“老师我很惨的，我爸妈都不要我了，他们都不要我了，我和七仔（她的玩具猫宠）一样，都是无家可归的。”

“怎么会，你妈妈每天都打电话问你好不好，她很关心你。”

“关心我？关心我为什么每次都往死里打我，关心我为什么他们说走就走抛弃我，关心我为什么把我一个人丢在国外不管我死活？”Emma 一连串的反问，让我无言以对。

孩子谢谢你，救了妈妈一命

早上开营，趁 Emma 还没有到教室，宗文老师把 Emma 的故事讲给大家听，问孩子们是否愿意陪伴 Emma 在训练营里找到梦想，收获友情。孩子们同意了，并专门成立互助小组，目标就是让 Emma 走进集体，让她快乐。

Emma 也感受到了集体的热情，她开始愿意融入小组，配合大家一起做练习，虽然有时还是会独自一人，但再也没有摆弄过刀子。

在训练营的晚会上，Emma 的小组有个心理剧表演，演到一个网瘾的孩子在跟妈妈抢手机的情节时，Emma 突然大声地笑起来，笑声尖锐又奇怪，我看着她，笑的眼里满是泪水。

当天晚上 Emma 没有刻纸，躺在床上喃喃自语：“老师，你们大人为什么生下孩子不能好好爱他们，生孩子就是为了给你们发泄情绪的吗？”

我坐在 Emma 面前，说：“来，孩子，坐起来，老师跟你讲讲一个人的情绪吧。你知道我们人的情绪要释放，一般会有三个通道。最好的一种是让情绪去向艺术性表达，比如唱歌，跳舞，还有你喜欢的刻纸都是一种释放情绪的出口。还有一种人，情绪是向内走的，把所有的情绪都压抑在心底，时间久了，心理就会生病，会压抑，会抑郁。你是这样的对吗？”

“Emma 点点头。”又问：“那我妈妈为什么情绪来了只会打我？”

“这就是第三种方式，你妈妈有兴趣爱好吗？”

“没有。”

“那她有闺蜜朋友吗？”

“好像也没有。”

“所以你妈妈没有艺术性表达的出口，就只能向内或者向外，向内容易内心崩溃，向外就会攻击别人，Emma 谢谢你，救了你妈妈一命。”

“我？”

“是，你为妈妈承受了很多，你救了妈妈，让妈妈可以活下来。接下来你要救自己，你更要好好的活着。”

我的话让 Emma 沉默了好久，有很长时间她都看着那只猫宠发呆，夜深了，她转过身看着我：“我知道了，我救了妈妈，接下来我想救自己。”

训练营毕业那天，Emma 的妈妈来接她，Emma 作为小组代表在台上讲话，Emma 小组的成员在台上为她鼓掌欢呼，Emma 对着她小组的同伴们深深地鞠躬，站起身她说了一句让我终生难忘的话：“谢谢你们，让我知道了什么是爱，我的梦想是和宗文老师、李悦老师一样，做青少年咨询师。”

走下台的 Emma 慢慢地走向她的妈妈，张开双手。

妈妈，我把你的命运交还给你

我的小学员政吾，十四五岁的年纪，性格稳重又体贴，从来没有见过他发脾气，同学和家长们都很喜欢他，喊他小暖男。

有一天晚上，我突然接到政吾妈妈的电话，她带着哭腔在电话里讲述：就在今天，政吾不仅跟奶奶大发脾气，还与父亲动粗。政吾亲手砸烂了父亲的杯子，父亲气不过打了他，他就把自己锁在房间里说要自杀。家人在门外苦劝了几个小时让他开门，他也不开，说遗书他已经写好了，临死之前想见的人只有我。

我去了政吾的家，政吾把房门打开，只允许我一个人进去。我坐下来摸摸他的头，政吾低下头不说话。

“好孩子，我不知道当时发生了什么，让你和奶奶吵架，但你一定是做了当时你认为对的选择。”

听到我这么说，张政吾的呼吸沉重起来，他委屈地说出和奶奶吵架的原因：当天下午，奶奶一直在政吾面前数落政吾母亲的不是。开始政吾极力压抑心中的不满，奶奶却越说越厉害，到最后，每说一句政吾妈妈的不好，都要和政吾确认一次：你说是不是？

政吾烦了，站起身就要走，奶奶跟在后面开始指责起来：瞧瞧你，什么态度？跟你妈一个样。

政吾心中的怒火终于爆发，他站在保护妈妈的位置上，和奶奶对抗。而这时，不明就里的父亲进门，刚好看到儿子和母亲之间的争吵，于是也开始维护自己的母亲。

奶奶说妈妈的那些坏话，政吾无法讲给爸爸听，而爸爸对自己的误会和指责又是政吾接受不了的。就这样，父子间开启了新一轮的对抗。

到最后爸爸来了一句：都是你妈没教好你。让政吾愤怒了，他拿起那只爸爸最喜欢的杯子，一下子摔到地上，随之而来的，是爸爸扇在他脸上的耳光。

政吾的爸爸是名油田工人，常年在外地工作，每次出门短则几个月，长则一两年，政吾从小是妈妈带大的，看着妈妈辛苦照顾这个家。每次奶奶数落妈妈的时候，政吾都为妈妈感到委屈，尤其爸爸回来听到奶奶说妈妈的不好，也跟着抱怨妈妈时，他心里极不舒服。

我问政吾，跟奶奶和爸爸吵架后的感觉怎么样。政吾说很难受。

“既然吵架解决不了问题，让人那么难受，为什么还要吵呢？”

政吾问我：“难道就让我那样听奶奶说下去吗？”

我问他：“听到奶奶说妈妈不好的时候，你心里除了愤怒和想跟奶奶吵架之外，是否还有别的情绪？”

政吾说：“有，还会很伤心很委屈。”政吾的感受我能理解，没有哪个孩子不爱自己的妈妈，在一个孩子的面前否定他的母亲，等于让孩子否定自己的一部分。

“那为什么不直接和奶奶沟通：奶奶，你当着我的面这样说我妈妈，我觉得很伤心，很委屈，还有更多更多的感受都可以讲给奶奶听，而是选择让双方都不舒服的争吵呢？你想保护妈妈的心是好的。可是你选择了最不理性的方式，你只不过是用一场你和奶奶之间的战争，去替代奶奶和妈妈之间的战争。”

“可是我听奶奶那么说，感觉对妈妈不公平。”政吾依然放不下。

“奶奶说妈妈不好是谁的事？”

“妈妈的事。”

“那妈妈怎么看这件事？”

妈妈说：“奶奶除了说话不好听，其他都挺好。”

“所以，妈妈和奶奶的感情没你想象的那么糟糕。妈妈和爸爸的感情怎么样？”

“还行，有时候吵的，有时候好的。”

“爸爸妈妈就是用这种方式相爱的，你同意吗？”

政吾愣了一下，挠挠头：“好像是的。”

我告诉政吾，很多时候我们所听到，看到，感觉到的事情，而不等于是事件的全部。有很多情节是我们自行加工上去的，比如奶奶习惯性的表达就是唠叨，说别人的不好，爸爸也是习惯性顺着奶奶说话，而妈妈反倒是最聪明的人，随着婆婆去说就好了，也许婆婆说得越多，爸爸补偿妈妈的越多。

“好像是，爸爸每次回来把他工作赚到的钱都给妈妈。”

“对呀，妈妈有妈妈的剧情，你有你的剧情，你最大的不该是越界了。”

我让政吾拿起一枚枕头，带着他做了一个命运交还练习，做完这个练习后，政吾明显轻松了很多。他说：“老师，我终于明白了，当我觉得妈妈委屈时，我所有看到的事件都会让我感觉妈妈会受委屈。”

交还命运练习：

手里拿着一个物件，可以是一个包，也可以是一个枕头，去想象着这是属于爸爸或者妈妈的命运。

想象爸爸妈妈就站在面前。走到他们对面：亲爱的爸爸（妈妈），你有你的生活，我有我的生活，我无法照顾你的命运，现在，我带着爱把你的命运交还给你，以后我只做你的女儿（儿子）。

走到爸爸妈妈站着的位置，把物件放在地上，并且深深鞠躬：谢谢你们给我的爱，以后我会尊重界限，把你们的生活还给你们。爸爸妈妈我爱你们。

爸爸的爱从未离开

杨招娣，女孩，14岁。两年前杨招娣的父亲在一场车祸中不幸去世，招娣妈妈带着两个女儿坚强地生活。来训练营前，招娣妈妈给我打了个电话，她拜托我多关注一下孩子，自从她爸爸去世后，招娣就不会笑了，对什么都没有兴趣。她总是说，如果有一天妈妈不用人照顾了，她就去找爸爸。

小组刚刚建立，孩子们有个互相认识的环节，杨招娣悄悄地躲在会场一角，羡慕地望着其他同学互动，我走过去问杨招娣："你愿意跟我去外圈认识更多的同学吗？"杨招娣摇摇头，拒绝了。

在训练营的前三天，招娣在团队里始终低着头，不说话。我每次和她聊天，她似乎都听见，却没有任何反应。

看得出父亲去世的事件像一道伤疤，在隐隐生痛，我很想为她做点什么，却又不敢轻易去碰。

我试着让和招娣年龄相仿的小助教支持她，小助教很用心的去做了，结果也不理想。小助教尝试着拉招娣的讲话，招娣冷漠的推开了，晚上小助教去查房，招娣也是开了门，躲在门后，一声不吭。

我再次和招娣妈妈通电话，想问她招娣喜欢什么样的沟通方式。招娣妈妈说自从招娣爸爸去世后，招娣就变得很叛逆，不好管，有时候还跟妈妈讲脏话，这让她很头痛。这么沉默寡言，不擅交流的招娣居然还会讲脏话，让我觉得很意外。

招娣在小组中虽然不说话，但是每天的学习都很认真，作业也会及时完成，算是用心的好学生。我开始试着在招娣作业本上写评语：每当你微笑时，我都看到一抹阳光。但是，我写下再多的词语，对招娣来说似乎都不管用。

为了让招娣更快融入集体，我私下里找了几个小组的同学，让他们多和招娣交流，跟招娣做朋友，让大家一起来关心招娣。小组同学都很赞同，叽叽喳喳地商量着如何让招娣开心起来。

谁知，我的这一举动，引起了招娣的极度反感。她不仅抗拒同学们的热情，连写完的作业也不拿给我评分了。我看着她的作业本，试着把手伸过去，招娣直接用手盖住了本子。

我知道自己的做法伤到了孩子，让招娣快乐起来是我想要的，而非招娣想要的。当“权威”刻意的把想法要强加给招娣时，招娣的选择就会是自我封闭和对抗。

后来在与家族祖先链接的练习里，每个孩子都要找到两个代表站在自己的身后，一个代表爸爸，一个代表妈妈。招娣选了一个女孩作为妈妈的代表，却没有选父亲。有同学提醒招娣："你还没有选爸爸的代表呢。"

招娣一下子愤怒起来，走过去对提醒她的那位同学大喊："我爸爸死了，死了，你能让他从坟墓里爬出来吗？你能吗？！！"

小组的孩子们吓坏了，大家都不敢再出声。我走过去，示意大家继续做练习，并站在了招娣的背后。

首先是招娣妈妈的代表对招娣说，妈妈爱你。招娣点了点头，神情漠然。我轻轻把手搭在招娣的肩上，附在她耳边说："宝贝，爸爸的爱始终都在，爸爸换了一种方式陪着你。"招娣的身体一怔，接着整个人蹲在地方哭得很厉害，我也蹲下去搂着招娣，轻轻地抚摸她的头发："宝贝，你是爸爸的好孩子。"

招娣转过身抱着我，哭得更厉害了。

过了一会招娣慢慢站起来，我邀请更多的孩子站在招娣的背后，象征着她家旅历代祖先，每个人都对招娣说出一句鼓励的话，招娣很明显有力量多了。

课休时，招娣来找我，她说："老师，谢谢你，我以前以为爸爸再也回不来了，可是您那句话让我知道，爸爸虽然人不在了，他的爱会一直陪着我，老师我感觉我更有力量了。"

我抱了抱招娣，告诉她："不光是爸爸，还有家族的历代祖宗都在背后支持她。"我说："招娣你知道吗？单从1个人开始，1人有父母2人，父母就是为你的出生而存在，而你的父母又有他们的父母，就是4人，这4人为你的出生而存在，往上到10代，你知道有多少人为你的出生而存在过吗？1024人。"

"这么多？"

"是的，如果再往上追溯20代呢？你能想象在你的家族曾有多少人为你的出生而存在过吗？100多万人，这100多万人的坚强、勇敢智慧都是你背后最坚实的守护，你还觉得孤单吗？"

"老师，我从来没有感觉自己这么有力量过。"招娣的小脸儿红扑扑地透着新奇和喜悦。

"所以招娣你要好好的活着，把爸爸身上的力量活出来，没有来得及活出来的幸福创造出来。"

"嗯！老师，我还要让爸爸以为我骄傲，让整个家族以我为骄傲。"

咨询手记：

听招娣妈妈说，招娣回去告诉她："妈妈我们都要好好的生活，其实爸爸的爱一直都在，爸爸只是换了一种方式存在。招娣妈妈说最让她感动的是招娣从训练营回来以后，开始对家里负责了，也对照顾妹妹有了更深的责任感。我告诉招娣妈妈，爸爸离开是事实，不用刻意地回避悲伤，妈妈和孩子一样，可以哭，可以想念爸爸，只有允许自己表达悲伤，我们才能更幸福地怀念爸爸。

对孩子来说，失去爸爸或者妈妈任何一方都会让孩子感觉内在缺少力量。有很多孩子在抚养人离开的时候，自己的心也跟着去了。如何转换孩子的信念，让孩子明白死亡只是一种形式，而更深层的链接一直都在，给孩子一个爱的信仰，把他最重要的人放在他心里最重要的位置，这样孩子就能链接到心底的那份爱，并愿意为更多的爱而存在。

和祖先链接练习：

一、做练习的孩子站在最前面。身后站着爸爸和妈妈的代表，呈三角形。

二、爸爸妈妈的代表分别把手放在孩子肩膀上对孩子说一句祝福和鼓励的话。

三、在爸爸妈妈代表背后再站四人，代表爸爸的父母，妈妈的父母，各呈三角，以此类推。

四、每一个人都对孩子说一个自己身上的优点。比如：我是有力量的，我是自信的，我是勇敢的，我是负责任的，等等。

五、孩子每听到一句就深呼吸一次，把祖先的优秀品质承接在心里。

六、孩子把手放在胸口：我和我的家族在一起，我拥有家族赋予我的全部力量。

爸爸妈妈，我被欺侮的时候你们在哪儿？

凤怡，女，17岁，初中毕业，待在家里每天躲在房间里，上网聊天，几乎不跟父母沟通。前几天家里来了客人，凤怡爸爸让凤怡出来打个招呼，凤怡不肯，客人走后，父女俩吵了起来。凤怡妈妈实在看不下去了，就对女儿喊："你天天把自己锁在房间里，到底想怎样，你哪里不舒服跟妈说啊，你活成这样儿给谁看？"

凤怡一下子被激怒了，她疯了一样对妈妈喊："跟你们说有用吗？跟你们说你们就会帮我吗？我毁了，我已经被毁了，知道吗？"

凤怡的那句"我毁了"把她的爸爸妈妈都吓到了，于是一家三口过来找我。

我正和凤怡妈妈聊着凤怡小时候的经历，凤怡妈妈说孩子小时候很听话，六年级就开始叛逆了，坐在旁边的凤怡爸爸突然说了一句："老师，我觉得还是打得不够。"

"您经常打孩子吗？"我问。

"嗯，她不听话就打。"凤怡爸爸说得理直气壮。

"是，孩子做的不对他就打，初一那年他把孩子打得有三天都上不了学。"凤怡妈妈眼泪出来了，看得出她对凤怡爸爸打孩子的行为无可奈何。

"您觉得打孩子有用？"我直接问凤怡爸爸。

"打疼了她下次就不敢了。"

"您打孩子这么多年，有效果吗？"我又问。

"她妈妈不让我打了。"凤怡爸爸把责任推向妈妈。

"小时候您挨过打吗？"

"挨过，我爹天天打我。我觉得他打得挺好，孩子不打不成材。"凤怡爸爸认定了打是有效的，我便不再说话。

我和凤怡坐在咨询室里，凤怡手上涂的指甲油和嘴唇上的唇彩都是猩红色的，跟她的年纪很不相符。只有我们两个人，她很不自在低着头。

我不知道怎么和凤怡开口，就看着她微笑。

凤怡有些不知所措，故作轻松地说："说吧，你想问什么？"

"疼吗？"我看着凤怡。

"什么？哪儿疼？"凤怡没听明白。

我摸着心的位置再问："疼吗？"

"没感觉。"凤怡把头转向窗外，硬生生把眼泪压下。

"孩子，这不是你的错。"我递过一张纸巾。

凤怡用手捂住嘴，极力让自己不要哭出来。

"孩子，想哭就哭吧，这不是你的错。"

凤怡终于哭了出来，我的眼眶也开始湿润。

哭出来的凤怡也接受了我，和我讲了许多她不为人知的往事。

凤怡小时候因为父母工作太忙，被送到姥姥家，在姥姥家附近的幼儿园长大。幼儿园有个园长叔叔，每天会和几个孩子玩捉迷藏的游戏，谁输了，谁就要被园长叔叔摸一下，那时候的小凤怡，还不知道什么是性侵。

初一那年，她被父亲打，被同学欺负，就在学校外认了一个"大哥"，想透过这层关系来保护自己。那个"大哥"说，保护她可以，但是要两个人谈恋爱，凤怡同意了。谁知道那个校外男人占有了她的身体后，又喜欢上了别人，也再没有"保护"过她了。

凤怡认为自己被抛弃了，就开始寻找另一段保护，她谈了一个又一个男朋友，那些男孩像是有预谋一样，和她发生关系，很快又抛弃了她。后来学校里开始有风言风语，说凤怡是个不自重的女孩。凤怡感觉自己被所有人抛弃了，她再也不想上学，也不想见人，把自己关在家里。

我问凤怡："你怎么看男人？"

凤怡说："男人都是畜生，猪狗不如的畜生。"

我说："我看到了有些男人伤害了你，现在我带着你回到那个场景再去看看小凤怡好吗？"

凤怡不肯，她说每次想起那些场景都羞愧的要死，她恨自己的过去，无比的羞耻感让她不愿意看过去。

"可是那个小凤怡是无辜的，你把她丢在那里那么多年了，连你都不愿意帮助她吗？"我的话语让凤怡开始慢慢放下抗拒，她闭上眼睛，愿意去看见那个在幼儿园被园长欺负的小凤怡，并在我的引导下试着说出那句："我看见你了，你真的很不容易。谢谢你，尽了最大的努力让我们活下来了。"

凤怡委屈地哭了，嘴里喊着："我恨你，我恨你，你根本不配当园长。"

我紧接着带着凤怡去做"情绪咖啡机"练习，凤怡拼了全力去砸沙发上的垫子，砸过之后再用牙齿奋力去咬，垫子被凤怡的牙齿咬得吱吱作响，她一边对垫子发泄着情绪，一边喊："我恨你们，我恨你们！"我能感觉到她对那些伤害她所有人的恨，包括爸爸。喊着喊着，凤怡的声音开始越来越小，当凤怡的愤怒发泄到再没力量时，她坐在地毯上嘤嘤地哭泣。

我坐在凤怡身边，问她被伤害的时候有什么感受，她说很害怕。我引导她说出来："我好害怕，我好害怕。"

凤怡一边哭，一边说："我好害怕。"哭了一阵子，她慢慢停下来，我继续问："现在身体还有什么感受，她说感觉自己好无力，好无助。"

我引导她再说出来："我好无力，好无助。"

凤怡又哭出来："我无力，我好无助。"

等凤怡哭完了，我带着她再去看见更深的情绪。在无力和无助之后还有"妈妈，我好委屈，妈妈，我想回家。"

回归到最初的情感，凤怡整个人也开始柔软起来。等凤怡的脆弱表达得差不多了，我带着她去和小时候的凤怡做链接。

告诉那个还在幼儿园的小凤怡，我看到了你的委屈和无助，那时候你还小，没有能力保护自己，现在我是那个长大以后的你，以后我会好好保护你，不会再让你受伤。让小凤怡和大凤怡去到和解，拥抱。

做完这些，凤怡感觉自己身体很累，同时心里轻松了很多。她抱着我说："姐，我以后还可以来你这里哭吗？"

"随时可以，你还可以在妈妈怀里哭。"

做完凤怡的咨询，我和凤怡的父母简单地说了孩子的情况，凤怡爸爸气得直握拳头。也许，我们试着把打孩子的力量用在保护孩子上，会更有效果。我说。

咨询手记：

在和凤怡的咨询中，我问过凤怡，小时候被园长摸身体的时候为什么回家不告诉爸爸妈妈。凤怡说她不敢，她很害怕。这份害怕的背后，除了对恶人园长的害怕，还有对父母的害怕，害怕父母的指责，害怕在父母这里挨打。

青春期的女孩，需要跟妈妈保持连接，也需要闺蜜间的倾诉，以找到身份认同感，同时更需要爸爸的关心和保护，一个跟爸爸关系好的女孩子，对这个世界是无惧的。而凤怡被爸爸打得多了，她对身边的男人只有恨和不屑。

在家里得不到爱的凤怡盲目地去向外寻找，一次次相信，一次次失败，最后把自己封闭起来不再相信人生，这样的经历很让人心疼。好在凤怡的爸爸意识到自己信奉的“棍棒底下出孝子”的教育带给孩子伤害后，也停下来，开始试着用凤怡可以接受的方式和她沟通，对这个家庭来说，也许就是最好的消息吧。

疗愈内在孩童：

一、闭上眼睛，呼吸放松，回到童年创伤事件，看见那个受伤的自己。

二、去接纳他，心疼他、拥抱他、欣赏他，看见他的受伤和委屈，告诉他，我看见你了。

三、和受伤的自己对话：谢谢你保护了自己，你真的很不容易。

站起来向受伤的自己发出邀请：我是那个长大后的你，现在我有力量了，我也有智慧了，以后的日子让我来保护你，陪着你，你愿意吗？（此处可以加入蝴蝶抱练习，蝴蝶抱练习：双手交叉放在肩膀上，两只手掌自由摊开，像两个蝴蝶的翅膀一样。看到那个无助的自己，轻拍肩膀对自己说：不要怕，以后有我来保护你，我爱你！

四、如果受伤的自己愿意就把他拥抱在怀里，如果他不愿意，就持续地做链接，我看见你了，你真的很不容易。我爱你。

图书在版编目(CIP)数据

孩子情绪背后，你不知道的秘密 / 摩卡著 .— 上海 ：
上海社会科学院出版社，2022
ISBN 978 - 7 - 5520 - 3725 - 8

Ⅰ. ①孩… Ⅱ. ①摩… Ⅲ. ①青少年—心理健康—健康教育 Ⅳ. ①G444

中国版本图书馆 CIP 数据核字(2021)第 225393 号

孩子情绪背后，你不知道的秘密

著　　者：摩　卡
责任编辑：杜颖颖
封面设计：黄婧昉
出版发行：上海社会科学院出版社
上海顺昌路 622 号　邮编 200025
电话总机 021 - 63315947　销售热线 021 - 53063735
http://www.sassp.cn　E-mail：sassp@sassp.cn
照　　排：南京理工出版信息技术有限公司
印　　刷：上海颛辉印刷厂有限公司
开　　本：890 毫米×1240 毫米　1/32
印　　张：8.25
字　　数：155 千
版　　次：2022 年 7 月第 1 版　2022 年 7 月第 1 次印刷

ISBN 978 - 7 - 5520 - 3725 - 8/G · 1136　　定价：39.80 元